日本料理 揚げもの 新味150

広がる発想　新しい技法

柴田書店編

柴田書店

揚げたての匂いと黄金色の衣、サクサクの食感！
誰もが好きな揚げ物の魅力

近年、日本料理店のワインやシャンパンや微発泡の日本酒などの品ぞろえが充実し、よく売れるようになってきた。これにともなって相性のよい揚げ物の品数を増やすお店が増えている。また揚げ物はボリュームがあり、わかりやすい味なので、老若男女、訪日外国人といった幅広い客層に好評で、アラカルトから高級料理店のコースまで広く組み込まれている。

本書では人気の高い「揚げ物」のほかに、「揚げる」技法を取り入れた和え物や煮物、ご飯物も紹介。材料別にお通しからデザート、酒肴まで、「揚げ物」の魅力満載の１５０品が登場する。それぞれの料理をおいしく揚げるための「適温と時間」「つくり手のイメージ」などをわかりやすくまとめているので参考にしていただきたい。

このたびは新しい感覚の揚げ物を紹介していただくために、新進気鋭の若手料理人のみなさんにご登場いただいた。日本料理の定番の揚げ物に加えて、従来の常識を覆すような料理も登場する。毎日の献立づくりのヒントとして役立てていただければ幸いである。

２０１９年９月
柴田書店書籍編集部

目次

揚げ物の基本　７
揚げる技法の新味研究　８

コロッケ・メンチ図鑑

黒鮑のとろコロッケ（おぐら家）　１３／１９
生海胆と青さ海苔のライスコロッケ（おぐら家）　１４／１９
香箱蟹と玉子のコロッケ（おぐら家）　１４／１９
蟹のパン粉揚げ（蓮）　１４／２０
牡蠣と市田柿 クリームコロッケ（おぐら家）　１４／２０
牡蠣クリームコロッケ（ゆき椿）　１５／２０
蛤と春キャベツのコロッケ（ゆき椿）　１５／２１
春キャベツと桜海老コロッケ（おぐら家）　１５／２１
黒豆のコロッケ（ゆき椿）　１５／２２
ポルチーニ茸と帆立のクリームコロッケ（西麻布 大竹）　１６／２２
おぐら家コロッケ（おぐら家）　１６／２２
筍、ピーマン、人参のメンチカツ（西麻布 大竹）　１６／２３
蕗の薹コロッケ（おぐら家）　１７／２３
メンチカツ（ゆき椿）　１７／２３
丹波黒どりのコロッケとロースト（椿山）　１７／２４

第一章　魚介の揚げ物

鮎魚女　鮎魚女揚げ煮付け（久丹）　２６
鯵　鯵の紫蘇パン粉揚げ（椿山）　２７
甘鯛　甘鯛と九条葱の南蛮（蓮）　２８
甘鯛　甘鯛うろこ揚げ（西麻布 大竹）　２９
甘鯛　甘鯛のうろこ焼き揚げ（椿山）　３０
鮎　鮎ごぼう巻き（椿山）　３１
鮎　稚鮎とマイクロハーブのサラダ（まめたん）　３２
鮎　稚鮎の素麺（蓮）　３３
鮑　鮑胡麻豆腐 肝あん（西麻布 大竹）　３４
鮟鱇　鮟鱇の唐揚げ あん肝ソース（おぐら家）　３５
烏賊　げそ天ぷら 生姜あん（久丹）　３６
烏賊　いしる漬けのイカゲソの唐揚げ（ゆき椿）　３７
伊勢海老　伊勢海老の煮おろし（蓮）　３８
海老　海老銀杏餅揚（分とく山）　３９
海老　芝海老と竹の子のひろっこ揚げ（まめたん）　４０／４２
海老　白海老と海胆の磯辺揚げ（根津たけもと）　４０／４２
海老　車海老しんじょのお椀（西麻布 大竹）　４１／４３
牡蠣　牡蠣香煎揚（分とく山）　４４／４６
牡蠣　牡蠣 四万十海苔の磯辺揚げ（まめたん）　４４／４６
牡蠣　牡蠣と青さ海苔 蓮根揚げ（おぐら家）　４５／４７
牡蠣　牡蠣の揚げ浸し（西麻布 大竹）　４５／４７
牡蠣　牡蠣ご飯（まめたん）　４８／４９
加治木　真加治木のオランダ煮（根津たけもと）　５０／５２
鰹　鰹のたたき風 ねぎがり（根津たけもと）　５０／５２
鰹　蕪と鰹の揚げだし（ゆき椿）　５１／５３
鰹　鰹のレアフライ たたき風（西麻布 大竹）　５１／５３
蟹　松葉蟹ぶぶあられ（椿山）　５４／５６
蟹　毛蟹のがんもどき 銀杏のすりながし（椿山）　５４／５６
鱚　鱚の食パンフライ（椿山）　５５
金目鯛　金目鯛と蕪 蕪のみぞれあん（まめたん）　５７
小柱　素揚げ小柱の塩雲丹和え（根津たけもと）　５８
桜海老　桜海老 しゃぶ餅挟み揚げ（おぐら家）　５９
桜海老　稲庭うどん 桜海老瞬間揚げ（椿山）　６０
桜海老　桜海老の炊き込みご飯（蓮）　６１
細魚　細魚と生海胆 新玉あんかけ（まめたん）　６２
秋刀魚　秋刀魚チーズ巻き揚げ（おぐら家）　６３
秋刀魚　秋刀魚と秋茄子竜田揚げ 山椒味噌ソース（おぐら家）　６４
白魚　白魚の俵揚げおろし酢がけ（蓮）　６５
白魚　白魚と八尾若牛蒡のかき揚げ丼（久丹）　６６
太刀魚　太刀魚とそら豆の変わり揚げ（西麻布 大竹）　６７
鱈白子　白子と牛肉の湯葉あんかけ（まめたん）　６８

のれそれ　のれそれの利久揚げ（根津たけもと）　69
鰰　ハタハタの一夜干しで南蛮漬け（根津たけもと）　70
蛤　蛤の土佐揚げ（根津たけもと）　71
蛤　蛤道明寺揚 磯香あん掛（分とく山）　72／74
鱧　鱧とシャインマスカットと梅干 二種揚げ（おぐら家）　72／74
鱧　鱧の薄衣揚げ 玉ネギポン酢（蓮）　73／75
河豚　河豚の唐揚げ（蓮）　76／78
河豚白子　揚げ出し白子（久丹）　76／78
鰤　鰤カツ（ゆき椿）　77／79
帆立貝　帆立飛龍頭 天つゆ（分とく山）　80
帆立貝　帆立馬鈴薯桜揚（分とく山）　81
帆立貝　帆立真丈 まりも揚げ 浅蜊のクリームソース（おぐら家）　82
帆立貝　帆立と百合根のかき揚げ（ゆき椿）　83
蛍烏賊　蛍烏賊のフリット、サラダ仕立て（根津たけもと）　84
蛍烏賊　筍ご飯 揚げ蛍烏賊（西麻布 大竹）　85
［コラム］揚げ衣いろいろ　86

第二章　野菜の揚げ物

海老芋　海老芋のお椀（蓮）　88
大葉　煮穴子棒寿司 かもじ大葉（西麻布 大竹）　89
牛蒡　大浦ごぼうと牛すじ肉（まめたん）　90
牛蒡　堀川牛蒡 海老真丈揚げ 堀川牛蒡ソース（おぐら家）　91
牛蒡　堀川牛蒡に叩いた鴨肉を詰めて（蓮）　92
牛蒡　カリカリ牛蒡 たれ焼き（西麻布 大竹）　93
薩摩芋　さつま芋チップス（椿山）　94
薩摩芋　芋けんぴ（ゆき椿）　95
じゃが芋　新じゃがいものパリパリサラダ（西麻布 大竹）　96／98
ズッキーニ　とうもろこしと海老真丈 花ズッキーニ包み揚げ（おぐら家）　96／98
スナップエンドウ　スナップエンドウと海老真薯揚げ 蛤と豆のあんかけ（久丹）　97／99
蚕豆　空豆のチュロス（椿山）　100／102
蚕豆　そら豆饅頭衣揚げ（蓮）　101／102
蚕豆　そら豆のフライ（久丹）　101／103
大根　紅芯大根と青芯大根 豚肉巻揚げ（おぐら家）　104／106
筍　筍白扇揚げ（蓮）　104／106
筍　筍の餅粉揚げ 焼きカラスミ（椿山）　105／107
筍　揚げ筍の木の芽味噌和え（根津たけもと）　105／107
筍　揚げ筍若芽あん（久丹）　108／110
玉葱　新玉葱の炭焼き（蓮）　108／110
玉葱　新玉葱縮緬揚（分とく山）　109／111
玉葱　揚げ葉玉葱と毛蟹の鮪節和え（まめたん）　109／111
玉蜀黍　とうもろこしのスパイス炒め（ゆき椿）　112
玉蜀黍　玉蜀黍饅頭照り焼きと黒むつの塩焼き（西麻布 大竹）　113
茄子　翡翠茄子二身揚（分とく山）　114
茄子　茄子の揚浸しと〆鯖 白胡麻ソース（椿山）　115
茄子　丸茄子とトマトとチーズ揚げ出し（おぐら家）　116
蕗の薹　福寿草揚（分とく山）　117
ホワイトアスパラ　ホワイトアスパラ米粉揚げ 黄味酢とからすみ粉がけ（おぐら家）　118
万願寺唐辛子　万願寺唐辛子射込み揚げ（蓮）　119
百合根　百合根とモッツァレラチーズ 桜揚げ（おぐら家）　120
蓮根　蓮根まんじゅう 葱あん（久丹）　121／122
蓮根　蓮根揚げだし（蓮）　121／122
各種根菜　揚げ野菜のサラダ（ゆき椿）　123
各種果菜　夏野菜 チミチュリソース添え（ゆき椿）　124
各種　煎餅三種 玉蜀黍、海苔、海老（分とく山）　125／126

第三章　肉と卵の揚げ物

鴨　鴨ロースの唐揚げとゴーヤの素揚げ、有馬山椒炒め（根津たけもと）　128／130
牛　牛カツ玄米香煎揚げ 揚げた蕗の薹ソースがけ（おぐら家）　129／131
牛　和牛揚花山椒あん（久丹）　129／131
牛　揚げ牛肉と蕗の薹の炊き込みご飯（久丹）　132／134

牛　牛舌若草揚（分とく山）　133／135
鼈　スッポンの唐揚げ（久丹）　133／135
鼈　スッポンの西京漬揚げ（椿山）　136／138
鼈　スッポンのかき揚げ（蓮）　136／138
鼈　スッポンの揚げパン（まめたん）　137／139
豚　豚肩ロースのコンフィでとんかつ（まめたん）　137／139
豚　豚蓬麩巻（分とく山）　140／142
豚　豚バラとガリのかき揚げ（ゆき椿）　140／142
ラム　ラムカツ（ゆき椿）　141／143
卵　出汁巻玉子の揚げ出し風（根津たけもと）　141／143
卵　ローストビーフ 揚げ玉子 ちり酢（椿山）　144

第四章　珍味・加工品の揚げ物

オタフク豆蜜煮　お多福豆蜜煮桜と抹茶の揚げ饅頭（まめたん）　146
唐墨　唐墨羽二重揚（分とく山）　147
胡麻　揚げ胡麻豆腐（久丹）　148
小麦粉　揚げ玉とうこぎと野萱草のカラスミ和え（根津たけもと）　149
米　揚げおにぎり茶漬け（根津たけもと）　150
子持ち昆布　子持ち昆布葱衣揚（分とく山）　151
塩ラッキョウ　塩らっきょうの香味揚げ（根津たけもと）　152／154
白玉粉　揚白玉酒盗のせ（分とく山）　152／154
蕎麦粉　蕎麦豆腐 べっ甲あん掛（分とく山）　153／155
豆腐　揚げ出し豆腐 毛蟹ネバネバあん掛け（西麻布 大竹）　153／155
ぬか漬け　ぬか漬けの天ぷら（ゆき椿）　156／158
麩　生麩と根菜の揚げ味噌田楽（まめたん）　157／159
ベーコン　ベーコンとアスパラの天バラ（ゆき椿）　157／159
各種珍味　鮎の開き・畳鰯・唐墨・潤目鰯の吹き寄せ仕立て（根津たけもと）　160

第五章　春巻き・湯葉巻きの揚げ物

鮎　稚鮎とクレソン 春巻き揚げ（おぐら家）　162
海胆　海胆の海苔巻揚げ（椿山）　163
海胆　海胆の湯葉天 山菜あん（まめたん）　164／166
海老　麦藁揚（分とく山）　164／166
胡麻　胡麻とろと無花果 湯葉包み揚げ（おぐら家）　165／167
牛　舞茸真丈 牛肉ネットライスペーパー揚げ（おぐら家）　165／167
椎茸　椎茸の春巻き（ゆき椿）　168／170
鼈　丸網揚（分とく山）　168／170
玉葱　新玉葱和風春巻き（西麻布 大竹）　169／171
鱈白子　黒湯葉と白子の黒湯葉包み揚げ（おぐら家）　169／171
鶏　鶏肝アボカド揚（分とく山）　172
各種山菜　湯葉の春巻き（まめたん）　173
デザート　俵揚（分とく山）　174
デザート　揚湯葉のミルフィーユ（おぐら家）　175

取材店紹介と掲載料理　176
材料別索引　181

撮影／天方晴子
デザイン／中村善郎　yen
編集／佐藤順子

本書の使い方

- 仕上り料理写真の脇に衣をつける前の素材写真を添えましたので参考にしてください。
- それぞれの料理解説に、揚げるさいの適温と時間、また揚げるときのイメージを記載しました。適温と時間は揚げる分量や衣などの状態によって変動しますので、あくまでも目安として参考にしてください
- 分量の表記で単位記号がついていないものは、合わせる割合を示しています。
- 材料欄の分量について。数量を表記したものは、ことわりのない限り掲載料理をつくるための数量です。またまとめて仕込むものについては、つくりやすい分量を表記しました。
- 第二章から第五章までの料理は、各料理の主材料50音順に掲載しています。

◎揚げ物の基本

[打ち粉]

衣をつける前にまぶす粉のことを打ち粉とした。打ち粉は一般的に小麦粉を用いる。粘り気のある小麦粉を打ち粉として種にまぶすと接着剤がわりになって衣が均等にきれいにつく。しかし厚くムラに打ち粉をまぶすと、衣も厚くなりすぎて重たい揚げ上がりになってしまうので注意したい。

余分な打ち粉は極力落としてから衣をつけよう。

[水分]

一般的な天ぷら衣や薄衣は、卵水に薄力粉をさっくりと混ぜてつくる。このときの卵水は、卵黄と水を合わせて混ぜたもの。衣を白くしたいときは卵白を用いたり、卵を入れずに水のみで溶くこともある。

いずれにしても小麦粉に水分を加えて混ぜるとグルテンという粘り気のある物質ができてしまうので、太い箸でさっくりと混ぜるとよい。卵水をはじめ衣の材料や道具までもすべて冷やしておくとよいというのも、衣に極力粘り気を出さないようにするためのワザだ。グルテンは低温下ではできにくいからだ。

[粉類]

天ぷら衣などにはタンパク質含有量が少ない（つまりグルテンができにくい）薄力粉が使われるのが一般的。薄力粉にタンパク質量の少ないコーンスターチや米粉などをブレンドすると、一層軽い仕上がりとなる。

唐揚げの場合、薄力粉を使うと、粉が種の水分を保持してしっとりと揚がるが、タンパク質量の少ない片栗粉やコーンスターチ、きめの細かい米粉や餅粉などを使うと、衣が薄くなり軽い仕上がりになる。

唐揚げの粉は、しっかりと握るようにして種につけてから余分な粉をはらうと、はげにくくなり均等にきれいに揚がる。

[パン粉など]

フライのパン粉や変わり揚げに使う新挽粉やあられのように粒度の粗い衣をつけるときは、打ち粉をしたあと溶き卵やバッター（粉と水分を混ぜたゆるい生地）などにくぐらせると、ムラなくしっかりつけることができる。

すでに水分が抜けているドライパン粉や新挽粉、おかき粉などを使うと、カラリと揚げることができる。ドライパン粉を粉末状に細かくすれば、より一層軽い揚げ上がりとなる。

[揚げ油]

一般的に使われるのは白絞油、なたね油、米油など。天ぷら店では胡麻油をブレンドしてこうばしさを出すこともある。油の性質にこだわることも大事だが、油が劣化しないよう、こまめに油を替えることをおろそかにしないこと。白扇揚げのように白く仕上げたい場合はなおさらである。

[油の温度の目安]

天ぷら衣をたらしたときのそれぞれの温度帯の見極めの目安は以下の通り。

種の性質や一度に投入する量にもよるが、投入前はある程度油の温度を高温にしておかないと、投入後揚げ油の温度が一旦下がるため、衣がはげたり、カリッと揚がりにくくなるので要注意。

高温 → 180 ～ 190℃

180℃ではスッと途中まで沈むがすぐに浮き上がる。190℃になると沈まずに油の表面に散るのみ。高温では気泡がいきおいよく発生する。

中温 → 170℃前後

小さな気泡を立てながら静かに沈んで、まもなくスーッと浮き上がる。

低温 → 150 ～ 160℃

静かに沈んでゆっくり浮き上がる。

参考文献：天ぷらの全仕事／近藤文夫著（柴田書店刊）

◎揚げる技法の新味研究

1
衣に心地よい食感をつける要は適切な温度と時間

揚げるという高温調理では、衣と素材の水分が抜けて、独特の食感が生まれる。素揚げ、唐揚げ、衣揚げなど揚げ物の種類はいろいろあるが、いずれも揚げたての香りと食感は揚げ物の魅力の一つだ。揚げてから時間をおくと味さえも変わってしまう。

軽くてサクサクした衣もあれば、カリッとした少しかための衣もある。つける衣の濃度やパン粉や新挽粉などの粒度の違い、揚げ方次第でさまざまな食感を与えることができるのだが、それ以上に大切なのは揚げるときの適切な温度、時間だ。これらがイメージする揚げ上がりとうまく一致すれば、油を使った揚げ物でも軽く仕上げることができる。衣の水分が上手く抜けていないと、油のきれが悪くなったり、衣が油を吸って重たくなってカロリーも数倍高くなってしまうので注意が必要だ。

2
旨み凝縮、カリカリ食感、揚げて脱水！

脱水の仕方は、揚げる素材によって温度や時間が変わってくる。水分の多い素材、たとえば根菜類などを比較的低温で時間をかけて揚げて脱水すると、素材の甘みや旨みが凝縮する（P１０８新玉葱の炭焼き、P１５７生麩と根菜の揚げ田楽味噌）。じっくりとゴボウの水分を抜いて繊維質をカリカリにしたカリカリ牛蒡（P93）や芋けんぴ（P95）なども同様だ。こがさないように適切に水分を抜くことが大事だ。

また細切りにした大葉やジャガイモ、ネギやショウガ、サクラエビなどを短時間で揚げて脱水することで（P89かもじ大葉、P96新じゃがいものパリパリサラダ、P60稲庭うどん桜海老瞬間揚げなど）、素材の特徴を引き出す工夫が広がってきた。

揚げ物の種を生かす衣を選択し、食感や揚げ方を変えて軽い揚げ上がりに。

脱水して旨みや香りを凝縮できるのも揚げる技法の魅力の一つ。

3

衣でガードして中をレアに、ジューシーに

揚げ物は衣などで種をコーティングするので、火通りが柔らかくなり、中心をレアに仕上げることができる。また種の水分や旨みを衣の内側にキープすることができるという利点もある。高温で揚げても中の種への直接的なダメージが衣によって軽減されるのだ。

また衣によって中の種は自身の水分で蒸される、いわゆる蒸し料理の効果も期待できるし、衣の余熱を利用して火を入れることもできる。

これは牛カツなど従来からある技法だが、本書では刺身で食べられる魚介類などにも応用した事例を紹介した（P51鰹のレアフライ、P51蕪と鰹の揚げ出し）。

また春巻きの皮やネットライスペーパー、湯葉などで巻いて揚げれば、水分の多い具を中に包み込むことができるので、トロトロの熱々を提供できる。

種に柔らかく火を入れることができるのも衣揚げの特徴の一つ。レアな火入れを目指すときには衣でガードするのも一手。

4

揚げると味がからみやすくなる

「油通し」は中華料理では普通に行なわれている調理方法。炒める前の作業である。素材に合った温度の油に、切り分けた素材を入れて泳がせるようにして30秒間ほど加熱して油をきる。油通しは、素材に均等に素早く火を入れることができる優れた技法だ。

この油通しをヒントにして、下調理として粉をまぶした肉（油通しでは通常肉に粉をまぶす）と野菜を揚げてから炒めた例を紹介した（P128鴨ロースの唐揚げとゴーヤ）。

こうして揚げることで均等に素早く火が入るし、粉などをまぶしておけば、そのあとの調理で味がからみやすくなる。

またカリッと揚げてから煮るという工程をとれば、煮くずれしにくくなり、味もからみやすくなる（P50真加治木のオランダ煮）。

粉をつけて揚げれば、和え衣がからみやすくなる。

揚げてからあぶると油がきれいにきれ、燻香もつく。

淡白な素材のジューシー感を保持しつつ、ボリュームをつけることができる。

5

揚げ油を落として炭火の香りをつける

新玉葱の炭焼き（P108）を例にとって解説してみよう。玉ネギは低温で揚げるので表面の油が抜けにくい。トロトロに柔らかく揚げた玉ネギを炭火にあてれば、油が落ちるだけでなく、落ちた油で炭火から煙が立ち上って玉ネギに炭火独特の燻香がつく。

またみずみずしい葉玉ネギなどを低温で時間をかけて素揚げすれば、とろりとした甘みが凝縮される。葉玉ネギは油っぽくなりがちなのでオーブンで焼いて油を落とせば、とろけるような玉ネギの甘みを味わうことができる（P109揚げ葉玉葱と毛蟹の鮪節和え）。

揚げて焼き、油を落として香りをつける。玉ネギに限らず、ぜひ取り入れたい新しい揚げる技法の一つだ。

6

淡白な素材をボリュームアップ

脂の少ない食材にコクを与えることができるのも揚げ物の魅力の一つ。マカジキや鶏むね肉などは、衣や粉でコーティングすれば、水分を保持したまま油のコクがつく。初ガツオのたたきなど、まだ脂がのっていない魚をたたきや焼き霜にするときに、あぶるかわりに揚げればコクがつく（P50鰹のたたき風）。

また揚げてから煮れば、煮汁にコクがついて料理のボリュームが上がる（P50真加治木のオランダ煮）。椀物なども同様で、椀種を揚げれば吸い地にもコクがつく。

和え物にボリュームをつけたかったら揚げた素材を和えれば満足感もアップするだろう。サラダにしても同じこと。さっぱりした野菜に揚げ玉を混ぜたり、カリカリに揚げた新ジャガイモをトッピングすると、食感だけでなく、油のコクをプラスできる（P149揚げ玉とうこぎと野萱草のカラスミ和え、P96新じゃがいものパリパリサラダ）。ドレッシングや和え衣の酸味は油と相性が良く、さっぱりと食べさせる大事な要素だ。

あらかじめ種に火が入っていれば、温めるだけですむので提供時間の短縮が可能。

粉を溶く水分の種類や分量によって、揚げ上がりが違う。

7

コンフィを揚げて揚げ時間を短縮
＝加熱済みの種を揚げる

たとえばＰ１３７で豚肩ロース肉のコンフィをとんかつにしたが、このようにあらかじめ火が通っている種ならば、揚げる作業では衣の揚がり具合のみに集中できる。

エビイモや堀川ゴボウなどの根菜類は生から揚げると時間がかかり、中に火が通る前に衣がこげてしまうが、あらかじめ煮ておけば短縮できる。

少々かたくなった胡麻豆腐などを揚げる場合も、中心まで温まればよいので、薄衣で軽く仕上げることができる。

本書で紹介した出汁巻玉子の揚げ出し風（Ｐ１４１）も仕込み段階で焼いておけるので、提供時間の短縮にもなる。

火が通るまで時間がかかる種を、揚げ色を濃くしたくない場合や、短時間で揚げたい場合など、あらかじめ種に火を通しておくといいだろう。

8

炭酸水で衣を溶く、
メレンゲに粉を混ぜる

揚げ物につきものの衣は水分に粉類を加えてつくる。

天ぷら衣は一般的に卵水に薄力粉を加えてつくるが、粉や水分の特性を利用して、さまざまな工夫がされている。たとえば水のかわりに炭酸水を加えると、サクサクに揚がる。これは炭酸水中に含まれる二酸化炭素の効果による。二酸化炭素は高温で揚げると衣の水分をともなって勢いよく抜けるので、仕上りがベタつかない。

またイタリア料理などで利用されているフリット衣などに例をみるように、粉を卵白を泡立てたメレンゲに混ぜるとしっかりとした衣になるという。本書でもこの性質を利用した変わり揚げを紹介した（Ｐ67太刀魚とそら豆の変わり揚げ）。

コロッケ・メンチ図鑑

コロッケ、メンチは誰もが好きな揚げ物の代表格。庶民的な揚げ物であるが、種に工夫をし、季節感のある素材を加えれば、日本料理ならではの洗練された揚げ物に。月ごと、季節ごとに献立を入れ替えたり、お店の看板料理に仕立てることもできる。

黒鮑のとろろコロッケ

P19

おぐら家

おぐら家
香箱蟹と玉子のコロッケ
P19

おぐら家
生海胆と青さ海苔のライスコロッケ
P19

おぐら家
牡蠣と市田柿 クリームコロッケ
P20

蓮
蟹のパン粉揚げ
P20

牡蠣クリームコロッケ
P20
ゆき椿

蛤と春キャベツのコロッケ
P21
ゆき椿

春キャベツと桜海老コロッケ
P21
おぐら家

黒豆のコロッケ
P22
ゆき椿

ポルチーニ茸と帆立のクリームコロッケ P22

西麻布 大竹

おぐら家コロッケ P22

おぐら家

筍、ピーマン、人参のメンチカツ P23

西麻布 大竹

ゆき椿
メンチカツ
P23

おぐら家
蕗の薹コロッケ
P23

椿山
丹波黒どりのコロッケとロースト
P24

揚げる前のコロッケ・メンチの種

黒鮑のとろろ
コロッケ

生海胆と青さ海苔
のライスコロッケ

香箱蟹と玉子の
コロッケ

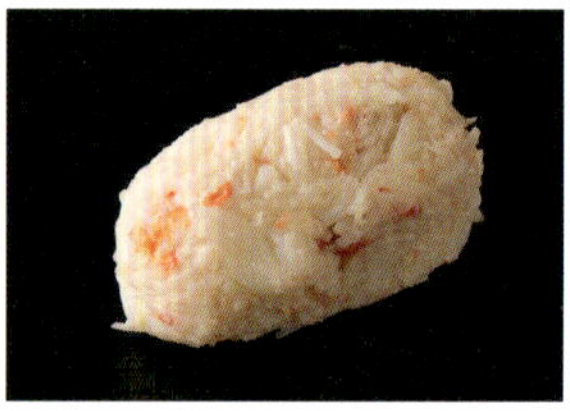

蟹のパン粉揚げ

牡蠣と市田柿
クリームコロッケ

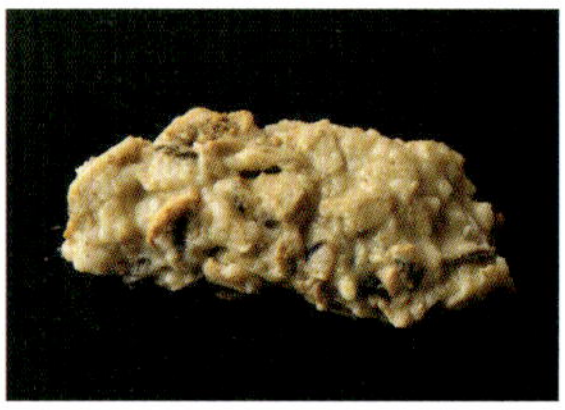

牡蠣
クリームコロッケ

蛤と春キャベツの
コロッケ

春キャベツと
桜海老コロッケ

黒豆のコロッケ

ポルチーニ茸と
帆立の
クリームコロッケ

おぐら家コロッケ

筍、ピーマン、
人参のメンチカツ

蕗の薹コロッケ

メンチカツ

丹波黒どりの
コロッケとロースト

p13

黒鮑のとろろコロッケ　おぐら家

トロトロのとろろ地をアワビの殻に詰め、上にパン粉をまぶして揚げたコロッケ。アワビはコロコロに切って質感を出す。

温度時間：160℃で3分間
イメージ：低めの温度で時間をかけて。しかしとろろ地の水分は抜かないように。

コロッケの種（つくりやすい分量）
アワビ、昆布、日本酒
とろろ地（すりおろしたナガイモ600g、卵2個、片栗粉100g、サラダ油適量）
薄力粉、溶き卵、おかき粉＊、揚げ油
＊柿の種をフードプロセッサーで細かく砕いたもの。

1 コロッケの種をつくる。まずアワビは水洗いし、バットに並べて昆布を上にのせる。日本酒をふって、強火の蒸し器で4時間蒸す。アワビを殻からはずし、小角に切る。

2 とろろ地をつくる。鍋にサラダ油をひき、おろしたナガイモを入れて火にかけて練る。ナガイモが重たくなってきたら、溶き卵を入れて混ぜる。なじんだら片栗粉を入れ、10分間ほど弱火で練る。

3 アワビを**2**のとろろ地に混ぜてコロッケの種をつくり、殻に詰める。上に薄力粉をまぶして刷毛で溶き卵を塗る。おかき粉をつけて、160℃の揚げ油でゆっくり火を入れる。高温だと中心に火が入る前にこげるので、必ず低温で。

4 表面にキツネ色の揚げ色がついたら取り出して、安定するよう練り塩（分量外）の上に盛る。

p14

生海胆と青さ海苔のライスコロッケ　おぐら家

衣に玄米香煎を加えるとカリカリな食感になる。ウニと青さ海苔をご飯に混ぜて、磯っぽさを閉じ込めたライスコロッケ。

温度時間：160℃で2分間、最後は180℃
イメージ：まわりをかっちりと固めるように。

コロッケの種
ウニ
青さ海苔
ご飯
濃口醤油
薄力粉、溶き卵、衣＊、揚げ油
＊玄米香煎100gに白ゴマ20gとドライパン粉10gを合わせてフードプロセッサーで細かく砕いたもの。

1 コロッケの種をつくる。ご飯を混ぜてほぐし、ウニと青さ海苔を加えてさっくりと混ぜ合わせ、濃口醤油で薄味をつけて1個70gに丸める。

2 まわりに薄力粉をまぶして溶き卵にくぐらせ、衣をしっかりつけて160℃の油で揚げる。最後は180℃に上げてからりと仕上げる。

p14

香箱蟹と玉子のコロッケ　おぐら家

コウバコガニの身肉にプチプチとした内子を混ぜると、食感のアクセントになる。中に入れた温泉玉子の卵黄でコクをアップ。

温度時間：160℃で4〜5分間
イメージ：中心の温泉玉子が温まるように、低温で時間をかけて。

セイコガニ、塩、卵黄、片栗粉
味つけ玉子（卵、濃口醤油60cc、だし38cc、ミリン45cc）
薄力粉、溶き卵、衣（→P19中段）、揚げ油

1 セイコガニは脚を輪ゴムでまとめて腹を上に向けてバットにのせ、塩をふって蒸し器で20分間蒸す。取り出して冷まし、身と内子をほぐして混ぜる。

2 味つけ玉子をつくる。卵を湯煎にかけ、67℃で20分間加熱して水に落とす。殻をむき、濃口醤油、だし、ミリンを合わせた地に2時間浸ける。

3 **1**のカニのほぐし身と内子に、つなぎの卵黄と片栗粉少量を加えて混ぜる。

4 味つけ玉子の黄味を取り出し、まわりに**3**をつける。薄力粉を刷毛で薄くつけ、溶き卵にくぐらせて衣をつける。160℃の揚げ油で揚げる。

5 油がきれたら盛りつけ、カニの殻を飾る。

p14

蟹のパン粉揚げ　蓮

カニのほぐし身に少量のつなぎを加えた、
カニの身そのもののコロッケ。
カニを生かすために揚げ色は濃くせず、軽く。

温度時間：160℃で3分間、最後は170℃
イメージ：低温でゆっくりと種を熱くする。揚げ色は淡く。

コロッケの種
- カニほぐし身（ボイル）
- すり身、玉子の素*

薄力粉、薄衣（薄力粉3：コーンスターチ1：炭酸水1.5）、ドライパン粉（細目）、揚げ油
スダチ

*卵黄1個分を泡立て器で溶きほぐし、サラダ油140ccを少しずつ加えながら撹拌する。味のついていないマヨネーズのようなもの。

1 コロッケの種をつくる。すり身に少量の玉子の素をすり混ぜる。
2 ここにカニのほぐし身を入れて混ぜる。合わせる割はほぐし身10に対して1を1くらい。
3 2を35gの俵型にまとめて薄力粉をまぶし、薄衣にくぐらせて、ドライパン粉をまぶす。
4 160℃の揚げ油に入れる。衣が色づかないよう転がしながら揚げて、中まで熱くなったら、最後は油の温度を上げる。
5 輪切りのスダチを敷き、上に盛りつける。

p14

牡蠣と市田柿 クリームコロッケ　おぐら家

蒸したカキの旨みと、干柿の甘さがよく合う。
ベシャメルソースを温めておけば、
短時間で提供できる。

温度時間：180℃で40秒間
イメージ：高温で中はとろりと、衣のパン粉はカリッと。

コロッケの種（つくりやすい分量）
- カキむき身…6個
- 市田柿（小角切り）…2個分
- 日本酒…適量
- ベシャメルソース*

薄力粉、溶き卵、ドライパン粉（細目）、揚げ油

トマトソース（つくりやすい分量）
- ホールトマト…500g
- トマトケチャップ…40g
- 塩・濃口醤油…各適量
- 片栗粉…適量

*バター50gを溶かし、薄力粉50gを炒める。サラッとしてきたら牛乳500gを入れて混ぜる。塩、白コショウ各適量を加えて20分間ほど練って仕上げる。

1 コロッケの種をつくる。カキはサッと水洗いしてバットに並べ、日本酒をふり、セイロで蒸して火を通す。蒸し汁はのちほど使うのでとっておく。
2 1のカキをフードプロセッサーにかけて、蒸し汁適量でトローッと流れるまでのばす。
3 2に市田柿とベシャメルソース80gを混ぜる。
4 トマトソースをつくる。ホールトマトを裏漉しして、トマトケチャップ、塩、濃口醤油で味を調え、火にかけて少し練る。水溶き片栗粉を少しずつ加えてとろみをつける。
5 3を1個70gの小判型にまとめ、薄力粉をまぶし、溶き卵にくぐらせて、パン粉をつける。180℃の揚げ油で揚げる。衣に火が通り、中が熱くなればよい。
6 コロッケを盛り、熱いトマトソースをかける。

p15

牡蠣クリームコロッケ　ゆき椿

カキを煮出した牛乳でベシャメルソースを
つくるので、カキの旨みがある濃厚な種になる。

温度時間：150℃で3分間
イメージ：種は火が通っているので熱くなればよい。クリームに合わせてサクサクとした軽い衣に。

コロッケの種（つくりやすい分量）
- カキむき身…1kg
- オリーブ油…適量
- 日本酒…30cc
- 牛乳…1リットル
- 塩・白コショウ…各適量
- 薄力粉…150g
- バター…150g

薄力粉、溶き卵、生パン粉、揚げ油

1 コロッケの種をつくる。カキのむき身は塩で洗う。熱湯にくぐらせてザルにとって水気をきる。

2 カキを粗く切ってオリーブ油で炒め、日本酒を加える。ここに牛乳を加えて沸騰させないような火加減で20分間ほど煮て旨みを抽出する。最後に塩と白コショウを加えて味を調える。

3 バターを溶かして薄力粉を炒め、サラサラになったら2を入れて練り、カキ入りのベシャメルソースをつくる。

4 冷めたら1個50gを取り分けてカキの形にまとめて（揚げたときにカキフライに見えるように）薄力粉をまぶし、溶き卵にくぐらせて生パン粉をつけ、150℃に熱した揚げ油で揚げる。種にはすでに火が通っているので、中まで熱くなればよい。

p15

蛤と春キャベツのコロッケ

ゆき椿

ハマグリの殻に種を詰めて揚げたコロッケ。種にしっかりハマグリの旨みを出したいので、多少食感は悪くなるが時間をかけて蒸し汁をとる。

温度時間：150～170℃で3分間
イメージ：衣は濃く色づけず、軽くサクッと揚げる。

コロッケの種（つくりやすい分量）
ハマグリ（殻つき）…1kg
日本酒…600cc
春キャベツ…1／2個
ハマグリの蒸し汁＋牛乳…合計500g
塩・黒コショウ…各適量
無塩バター…150g
薄力粉…150g

薄力粉、溶き卵、生パン粉、揚げ油

1 コロッケの種をつくる。ハマグリは鍋に入れ、たっぷりの日本酒を注ぎ、蓋をして蒸し煮にする。弱火で20分間が目安。身をはずして1cm角に切る。殻はよく洗っておく。

2 キャベツはくし形に切って蒸し器で蒸したのち、葉を1cm角に切りそろえておく。

3 ハマグリの蒸し汁と牛乳を合わせて火にかけ、沸騰寸前で塩と黒コショウを加える。

4 別鍋に無塩バターを入れて火にかけ、溶けたら1のハマグリの身と2のキャベツを入れて炒める。薄力粉を加えてからませ、粉けが飛ぶまで炒める。ここに温めた3を少しずつ加えて、ベシャメルソースをつくる要領で木ベラで練り上げる。密封容器に移して冷蔵保存する。

5 ハマグリの殻に4の種をこんもりと詰めて、上に薄力粉をまぶし、溶き卵にくぐらせて、生パン粉をしっかりとつける。

6 パン粉側を下に向けて170℃の揚げ油に入れる。中まで熱くなって、衣がサクッと揚がったら取り出して油をきる。器に盛りつけて提供。

p15

春キャベツと桜海老コロッケ

おぐら家

春の素材を使った、季節感のある一品。種の材料はざっくりと大きく使うのがポイント。

温度時間：170℃で5分間
イメージ：柿の種のおかき粉はこげやすいので中温で。種のキャベツと生のサクラエビは時間をかけてゆっくりと。

コロッケの種
新ジャガイモ…2個
春キャベツ…1枚
生サクラエビ…50g
太白ゴマ油・濃口醤油・日本酒…各適量

薄力粉、溶き卵、おかき粉（→P19上段）、揚げ油

1 コロッケの種をつくる。新ジャガイモを水からゆで、皮をむいてすりこぎで粗くつぶす。

2 春キャベツをざっくりと刻んで太白ゴマ油で炒める。生のサクラエビとともに1の新ジャガイモに混ぜて、濃口醤油、日本酒で下味をつけて種とする。

3 2の種を1個80gの小判型にして、薄力粉をまぶし、溶き卵にくぐらせて、おかき粉をまぶす。

4 170℃の揚げ油でカラリと揚げる。

p15

黒豆のコロッケ

ゆき椿

ほっくりと煮たクロマメだけでつくるシンプルなコロッケ。割ったときの種の黒色が印象的。

温度時間：150℃で3分間
イメージ：種には火が通っているので、フライ衣においしそうな色をつけてカリッと揚げる。

コロッケの種
……クロマメ、塩
……ゆで汁・ミリン…各少量
薄力粉、溶き卵、生パン粉、揚げ油

1 コロッケの種をつくる。まずクロマメをたっぷりの水に1晩浸けて戻す。浸けた水ごとマメを鍋に移し、塩を入れてゆでる。水が少なくなったら足しながら柔らかくなるまでゆでる。

2 マメだけを取り出し（ゆで汁はとっておく）、フードプロセッサーにかけてペースト状にする。ここにゆで汁とミリンを各少量ずつ加えて濃度を調整する。

3 2を40g取り分けて俵型に丸め、薄力粉をまぶして溶き卵にくぐらせ、生パン粉をつける。150℃の揚げ油で衣においしそうな色がつき、中が熱くなるように揚げる。油をきって盛りつける。

p16

ポルチーニ茸と帆立のクリームコロッケ

西麻布 大竹

ポルチーニとホタテの旨みの相乗効果でベシャメルソースが濃厚な味わいに。揚げ時間が長くなると破裂しやすいので、種を常温に戻しておく。

温度時間：160℃で4分間
イメージ：低めの温度でじっくりと。中の種が熱くなればよい。

コロッケの種（つくりやすい分量）
……ドライポルチーニ茸…25g
……ホタテ貝柱、酒塩＊
……玉ネギ（みじん切り）…1／2個分
……ベシャメルソース（バター50g、薄力粉45g、牛乳250cc）
……塩・淡口醤油…各適量
薄力粉、溶き卵、ドライパン粉、揚げ油
＊日本酒に少量の塩を溶かしたもの。

1 コロッケの種をつくる。ドライポルチーニ茸を水で戻し、みじん切りにする。ホタテ貝柱は酒塩をふって網焼きして手でほぐす。玉ネギを少量のサラダ油（分量外）で炒める。

2 ベシャメルソースをつくる。鍋にバターを入れて火にかける。溶けたら薄力粉を少しずつ加えて炒め、サラサラになったら牛乳を加える。20分間ほど中火で練ったら1を入れて均等に混ぜ、塩と淡口醤油で味を調える。

3 コロッケの種が冷めたら1個60gの俵型にまとめ、薄力粉をまぶして溶き卵にくぐらせ、ドライパン粉をつける。

4 160℃の揚げ油で4分間揚げて、中の種が熱くなったら取り出して油をきる。

p16

おぐら家コロッケ

おぐら家

ジャガイモのかわりにナガイモを使った。種の柔らかさがポイント。柔らかすぎるときは、片栗粉適量で調整する。

温度時間：最初180℃、途中170℃に下げ、最後は180℃。計5分間
イメージ：最初高温にして衣を固め、温度を下げて時間をかけて揚げる。

コロッケの種（つくりやすい分量）
……鶏モモ挽き肉…500g
……玉ネギ（みじん切り）…2個分
……ナガイモ（すりおろし）…2本分
……片栗粉…適量
……卵…2個
……白絞油、日本酒、濃口醤油
薄力粉、溶き卵、おかき粉（→P19上段）、揚げ油
グリーンサラダ、ソース

1 コロッケの種をつくる。鶏モモ挽き肉を白絞油で炒めて日本酒と濃口醤油で味をつける。玉ネ

ギもサッと炒めておく。

2 ナガイモ、**1**の挽き肉と玉ネギを合わせて火にかける。ナガイモに火が通ったら溶き卵を加えてよく練る。種が柔らかすぎるときは、片栗粉適量を加えて調整する。適当なかたさになったら、鍋を水に浸けて冷ます。

3 冷めたら種を1個90gに丸め、薄力粉をまぶして溶き卵にくぐらせ、おかき粉をつけて180℃の揚げ油で揚げる。

4 器に盛り、グリーンサラダとソースを添える。

p16
筍、ピーマン、人参のメンチカツ
西麻布 大竹

挽き肉に混ぜたタケノコやニンジンの食感がアクセント。ウスターソースを混ぜたべっ甲あんですすめる。

温度時間：175℃で3分間、最後は180℃
イメージ：肉がややピンク色になったら油から上げ、油をきっている間に余熱で火を入れる。

メンチカツの種
和牛挽き肉…50g
タケノコ（アク抜き済、5㎜角切り）…10g
ピーマン（5㎜角切り）…10g
ニンジン（5㎜角切り）…5g
塩…少量

薄力粉、溶き卵、ドライパン粉、揚げ油
ソースあん（べっ甲あん*、ウスターソース）
木ノ芽

*一番だし250ccを熱し、濃口醤油50cc、ミリン30ccで味をつけ、水で溶いた葛粉を少しずつ加えてとろみをつける。

1 和牛挽き肉をボウルに入れてよくこねる。塩少量を加えて、タケノコ、ピーマン、ゆがいたニンジンを混ぜる。

2 小判型にまとめて薄力粉をまぶし、溶き卵にくぐらせ、ドライパン粉をつけて175℃の油で揚げる。少し手前で取り出して余熱で火を入れる。

3 ソースあんをつくる。熱いべっ甲あんにウスターソースを少量加えてあんとする。

4 メンチカツを盛りつけ、器のまわりにソースあんを流し、たたき木ノ芽を散らす。

p17
蕗の薹コロッケ
おぐら家

フキノトウのガクで種を包んで揚げた、一口大のコロッケ。種には刻んだツボミを入れて爽やかな春の苦みをつけた。

温度時間：160℃で5分間
イメージ：低めの油でじっくりと。高温にするとガクがはがれる。

フキノトウ 10個
コロッケの種（つくりやすい分量→P22下段）
山椒味噌*
薄力粉、溶き卵、ドライパン粉（細目）、揚げ油

*桜味噌1kg、砂糖200g、実サンショウ**200g、みじん切りの長ネギ2本分、みじん切りのショウガ200gをすべて合わせて弱火で20分間練る。
**青いサンショウの実を3回ほどゆでこぼしたのち、水にさらしてアク抜きをし、冷凍保存しておく。

1 フキノトウは中のツボミを抜く。ツボミは細かく刻んで水に放ってアクを抜く。

2 コロッケの種に**1**のツボミを混ぜる。これを20g取り分け、中に山椒味噌を少量詰めて丸める。

3 薄力粉をまぶし、溶き卵にくぐらせ、パン粉をつけ、**1**ではずしたフキノトウのガクをまわりにつけて、フキノトウの形に戻す。

4 160℃の揚げ油で**3**をじっくりと揚げる。取り出して油をきり、器に盛る。

p17
メンチカツ
ゆき椿

そのまま食べてもおいしいように、種にはしっかりと味をつけた。脂の少ない挽き肉はぼそぼそになりやすいので余熱をうまく利用する。

温度時間：150℃で5分間
イメージ：中温でじっくりと揚げる。最後は余熱でちょうど種に火が入るように。

メンチの種（つくりやすい分量）
豚挽き肉…500g
卵…1個
玉ネギ（みじん切り）…中1個分
オリーブ油
塩、コショウ
薄力粉、溶き卵、生パン粉、揚げ油
塩、溶き芥子

1 メンチの種をつくる。玉ネギをオリーブ油でじっくりと炒めて冷ます。脂身の少ない豚挽き肉、溶き卵、炒めた玉ネギを合わせて、粘り気が出るまでよくこね、塩、コショウで強めに味をつける。

2 1個90gの小判型に形を整え、薄力粉をまぶし、溶き卵にくぐらせ、生パン粉をしっかりとつけて150℃の油で揚げる。

3 表面だけこがさないよう、中の肉にしっかり火が通るようにじっくりと揚げる。取り出して油をきり、塩と溶き芥子を添えて盛りつける。

p17

丹波黒どりのコロッケとロースト

椿山

1羽の鶏をコロッケとローストに仕立てて、盛り合わせた。コース内のメイン料理は、洋風に仕立てることが多い。ローストは8人前程度の分量。

温度時間：コロッケは170℃で3分間
オキサリスは170℃で2～3分間
イメージ：コロッケは種にしっかり火を入れる。
オキサリスはこがさないように注意。

コロッケの種（つくりやすい分量）
鶏モモ挽き肉…200g
塩…6g
卵…1／2個
みじん切りのハーブ（ディル、セルフィユ、エストラゴン）…適量
薄力粉、溶き卵、ドライパン粉（細目）、揚げ油

ロースト
鶏モモ肉、塩、コショウ
鶏ムネ肉（骨付き）
サラダ油、ニンニク（薄切り）

鶏のジュ*
人参ピューレ**
オキサリス、揚げ油
サヤエンドウのソテー

*鶏ガラ6kgを細かく切って200℃のオーブンで焼く。別鍋にいちょう切りのセロリ、ニンジン、玉ネギ合計3kgをサラダ油で炒め、色づいたらトマトピューレ200gを入れてさらに炒める。焼いたガラを入れて水30リットルを注いで沸かす。沸いたら火を弱めて8時間ほど煮る。これを漉して1／3まで煮詰める（A）。別にマルサラグランシェフを煮詰めて、白ワインを入れてさらに煮詰め、取り分けたAを加えてソースとする。

**みじん切りの玉ネギ1／2個分をサラダ油で炒めて水分を飛ばし、3㎜角に切ったニンジン300gを入れてさらに炒め、水分が飛んでつぶれるくらいまで炒める。浸るくらいの牛乳を注ぎ、生クリーム100cc、塩と砂糖で味を調えてミキサーにかける。

1 コロッケの種をつくる。鶏モモ肉を挽いてミンチにし、塩、溶き卵、ハーブを入れて練って空気を抜く。

2 種を1個40gに丸めて薄力粉をまぶし、溶き卵にくぐらせ、ドライパン粉をまぶして170℃の揚げ油で揚げる。

3 オキサリスは170℃の油で2～3分間素揚げにする。

4 鶏をローストする。鶏モモ肉の骨を抜き、薄切りのニンニクを挟んでサラダ油を少量まぶして真空袋に入れて真空にして1日おく。

5 モモ肉を取り出して塩、コショウして皮を上に向けて網バットにのせ、200℃のオーブンで2分間加熱し、取り出して10分間やすませる。これを8回くり返して9割ほど火を入れる。

6 鶏ムネ肉にサラダ油を少量まぶしてニンニクを表面に貼りつける。骨側にはアルミホイルでカバーして真空袋に入れて真空にして1日おく。

7 真空袋のまま鍋に入れて水を注ぎ、弱火にかける。52℃を越えない温度を保って1時間半湯煎する。取り出して骨をはずす。

8 **5**のモモ肉と**7**のムネ肉に塩、コショウをふってフライパンで皮側を焼いて仕上げる。

9 器に鶏のジュを流し、薄切りにした鶏のローストとコロッケを盛る。人参のピューレを添えて、素揚げにしたオキサリス、フレッシュのオキサリス、ソテーしたサヤエンドウを添える。

第一章

魚介の揚げ物

鮎魚女揚げ煮付け

久丹

アイナメのアラで甘い地をつくり、揚げたアイナメにかけた一品。切り身に数本包丁目を入れると、クリスピーな食感が増し、火通りもよくなる。

［**温度時間**：160℃で3分間、最後は180℃
イメージ：中はフワッと、表面はカリッと。］

アイナメ…1切れ（35g）
薄力粉、おかき粉*、揚げ油
塩
地（日本酒**1**：水**1**、ミリン・砂糖・濃口醤油・たまり醤油各適量、アイナメのアラ）
グリーンアスパラガス、ユズの皮
*味の薄いおかきを砕いて粉末状にしたもの。

1 地を用意する。日本酒と水を同量ずつ合わせ、ミリン、砂糖、濃口醤油、たまり醤油で薄味をつけて沸かす。沸いたらアラを入れて沸騰させ、5分間ほど煮て旨みをつける。このまま冷まして漉す。

2 アイナメは三枚におろして皮をひく。小骨をていねいに抜いて、35gの切り身にして3本ほど包丁目を深く入れる。

3 **2**のアイナメに薄力粉をまぶして少し水を吹きつけ、おかき粉を薄くまぶす。160℃の揚げ油に入れてアイナメにふっくらと火を通し、最後は180℃まで上げて表面をカリッと揚げて取り出す。塩をふる。

4 **1**の地を温め、食べやすく切ったグリーンアスパラガスを入れて温める。

5 器にアイナメを盛り、アスパラを添える。**4**の地をかけて、針ユズを添える。

鯵の紫蘇パン粉揚げ

楮山

アジを野菜の甘みとレモン汁の酸味と塩のみで味をつけたソースと一緒にさっぱりと食べる。アジフライのような、南蛮漬けのような味わいの夏の揚げ物。

温度時間： 180℃で3分間
イメージ： アジの身がふっくらとふくらむように揚げる。

アジ、塩、コショウ
薄力粉、溶き卵、大葉パン粉*、揚げ油
野菜ソース
……キュウリ、トマト、玉ネギ
……塩、レモン汁
花穂紫蘇

*ドライパン粉とゆでた大葉をミキサーにかけて細かくし、広げて乾かす。

1 アジを三枚におろす。半身を半分に切って、塩、コショウをふる。
2 アジに薄力粉をまぶし、溶き卵にくぐらせて、大葉パン粉をつける。180℃の揚げ油でアジがふっくらとふくらむように揚げる。大葉の色があせないよう何度か裏返す。
3 野菜ソースを用意しておく。キュウリ、湯むきしたトマト、玉ネギをあられ切りにして、塩とレモン汁で味を調える。
4 アジを器に盛り、花穂紫蘇をほぐして散らす。野菜ソースを添える。

甘鯛と九条葱の南蛮

蓮

アマダイは最後に煮る工程が入るので、衣をカリッとかために揚げて食感を残したい。

温度時間：170℃で4分間
イメージ：アマダイはふっくらと蒸すようなイメージで。衣はしっかりめにカリッとさせる。

アマダイ、塩
片栗粉、揚げ油
南蛮地（つくりやすい分量）
だし…250cc
淡口醤油…30cc
ミリン…5cc
酢…20cc
砂糖…20g
赤唐辛子…少量
九条ネギ（笹切り）

1 アマダイは1切れ40gに切り、薄塩をあてて1時間ほどおいて、ほどよく水分を抜く。

2 片栗粉を握るようにしてアマダイにしっかりとつけ、170℃に熱した油で揚げる。まわりはカリッと、中はふっくらを目指す。

3 油をきり、熱いうちに熱した南蛮地に入れて30秒間ほど煮て、最後に九条ネギを入れて合わせる。

4 アマダイと九条ネギを盛り合わせ、南蛮地を注ぐ。

甘鯛うろこ揚げ

西麻布 大竹

熱い油をかけてウロコを立たせるのではなく、素揚げにしたアマダイのウロコを衣にしたアマダイの揚げ物。ウロコは高温で2度揚げしたもの。

温度時間：ウロコは180℃で2度揚げ。アマダイは170℃で3分間

イメージ：衣のウロコはサクサクになるように水分を完全に抜く。アマダイにはしっかり火を入れる。

アマダイ、塩
薄力粉、
バッター（卵白1個分、
　片栗粉10g）
アマダイのウロコ
揚げ油
スダチ

1 アマダイのウロコをかき落とし、ウロコの水気をふく。180℃に熱した揚げ油で揚げて水分を抜く。こがさないよう一旦取り出して油をきったのち、再度180℃の揚げ油でカラリと揚げる。リードペーパーの上で油をきって常温で冷ます。

2 アマダイを三枚におろし、軽く塩をふって10分間ほどおく。4cmほどの切り身にする。

3 バッターを用意する。卵白を八分立てに泡立てて、片栗粉を混ぜておく。

4 アマダイに刷毛で薄力粉をまぶし、**3**を塗って**1**のウロコをまぶし、170℃の揚げ油で3分間ほど揚げる。ウロコをこがさないように注意し、アマダイの身にしっかりと火を入れる。

5 取り出して油をきり、スダチを添えて提供する。

甘鯛のうろこ焼き揚げ

椿山

アマダイの細かいウロコは一般的にすき引きするが、ここではそのまま揚げ焼きし、オーブンに入れて油をきりつつ、身側に火を入れるという火入れの手法をとった。

温度時間：180℃で4分間、その後200℃のオーブンで3分間

イメージ：バチバチ音がするくらいの高温で、ウロコの水分を短時間で飛ばしてサクサクに。

アマダイ、塩
揚げ油
リンゴのシロップ漬け
　リンゴ
　シロップ（スダチ果汁10：ショウガ汁2：砂糖3〜4）

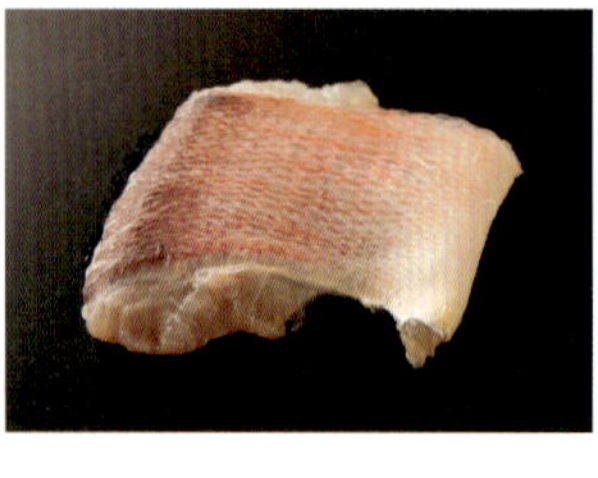

1 アマダイは三枚におろして60gの切り身にし、塩をふる。フライパンにウロコが浸る程度の油を注いで熱する。

2 油が高温になったら（煙が出る手前くらい）、ウロコ側を下にして入れる。バチバチという音が出るくらいの温度がよい。3〜4分間ほどでウロコが立ってくる。

3 アマダイを油から取り出してウロコ側を上に向け、200℃のオーブンで3分間加熱して油をきり、身に火を入れる。

4 リンゴのシロップ漬けをつくる。リンゴは皮つきのまま8等分のくし形に切る。真空袋にリンゴとシロップを入れて真空にして1日おく。

5 器に揚げたてのアマダイを盛り、食べやすく切ったリンゴのシロップ漬けを盛り合わせる。

鮎ごぼう巻き

楮山

アユで豆腐生地を挟んでゴボウで巻いた。
アユも豆腐生地も柔らかく、口の中で一緒に味わえる。
ゴボウは揚げると香りが一層引き立つ。

温度時間：鮎ごぼう巻きは170℃で3分間
ゴボウは170℃で5分間
イメージ：ゴボウの水分を抜いてカリッとこうばしく。

アユ
豆腐生地（つくりやすい分量）
木綿豆腐…1丁
練りゴマ…大さじ1
砂糖…大さじ3
淡口醤油…5cc
塩…小さじ1
キクラゲ（せん切り）…50g
ゴボウ
揚げ油
ミニクレソン

1 ゴボウをピーラーで縦長のヒモ状に薄くそいで水にさらす。
2 豆腐生地をつくる。木綿豆腐は押して水きりをし、フードプロセッサーに入れて、そのほかの材料を合わせて回す。なめらかになったらせん切りのキクラゲを混ぜる。
3 アユを三枚におろし、**2**の生地を10g挟んで**1**のゴボウをまわりに巻く。
4 残りのゴボウは、キッチンペーパーで水気をふいておく。
5 揚げ油を170℃に熱し、**3**のごぼう巻きは3分間ほど揚げて油をきる。
6 **4**のゴボウは170℃で5分間揚げ、水分が抜けて茶色っぽくなったら取り出す。熱いうちに手で形を整える。
7 器に**6**のゴボウを盛り、その上に**5**のごぼう巻きを盛りつけて、ミニクレソンを散らす。

稚鮎とマイクロハーブのサラダ

まめたん

苦みのある稚アユと、スパイシーなマイクロハーブを使ったさわやかな初夏向きのサラダ。

温度時間：180℃で30秒間
イメージ：稚アユに火を入れすぎないように。ふっくら感を残して揚げる。

稚アユ
薄力粉、薄衣（薄力粉、卵黄、水）、揚げ油
粉サンショウ
マイクロハーブ（アマランサス、シセンホァジョーナ*）
たれ（濃口醤油1：ミリン1、ユズコショウ少量）

*ホワジャオに似た、しびれるような辛みのあるマイクロハーブ。

1 稚アユは水洗いして水気をふく。薄力粉をまぶして、薄衣にくぐらせて、180℃の揚げ油で揚げて油をきって粉サンショウをふる。稚アユは柔らかいので頭から食べられる。
2 濃口醤油とミリンを同量ずつ合わせて煮きり、ユズコショウを少量溶かしてたれをつくる。
3 稚アユとマイクロハーブをさっくりと合わせてサラダとし、器に盛る。
4 上からたれをかける。

稚鮎の素麺

蓮

お客さまの前で、冷たいかけ素麺の上に揚げたての熱い稚アユの天ぷらをジュッとのせて、温度差を楽しんでいただく、割烹ならではの一品。

温度時間：170℃で投入し、温度を上げて180℃で2分半
イメージ：ふんわり揚げるというよりも、少し水分を抜くようにカリッと揚げる。

稚アユ（活け）…3尾
薄力粉、薄衣（薄力粉**3**：コーンスターチ**1**：炭酸水**1.5**）、揚げ油
半田素麺
素麺だし（だし300cc、淡口醤油30cc、ミリン10cc、追ガツオ）
薬味（刻んだミョウガ・鴨頭ネギ・ショウガ各適量）

1 素麺だしを用意しておく。材料の調味料を合わせて火にかけ、沸いたら追ガツオをして火を止める。漉して冷やしておく。

2 半田素麺は熱湯で2分間ゆでて水洗いしたのち、冷たい素麺だしで洗う。器に半田素麺を入れて素麺だしを注ぐ。

3 稚アユは水気をふいて薄力粉をまぶし、薄衣にくぐらせて、170℃の揚げ油に静かに入れる。徐々に温度を180℃まで上げて2分半ほど揚げ、ある程度水分を抜いてカリッと仕上げる。

4 最後は180℃まで温度を上げて油ぎれをよくして、取り出す。活けのアユを用いると、勢いのある姿に揚がる。

5 熱々の稚アユを2に盛り、薬味を散らして提供する。

鮑胡麻豆腐 肝あん

西麻布 大竹

すりおろしたアワビを加えた胡麻豆腐は、色づけないように揚げて、肝あんを添えた。衣を薄くまぶして軽く仕上げる。

温度時間：170℃で3分間
イメージ：表面はカリッと、中はクリーミーに。

鮑胡麻豆腐（つくりやすい分量）
アワビ…身のみ100g
白ゴマ…100g
昆布だし…600cc
葛粉…150g
塩…少量
砂糖…少量
葛粉、揚げ油
肝あん（アワビの肝、一番だし、濃口醤油、葛粉）
グリーンアスパラガス、ホワイトアスパラガス
一味唐辛子

1 鮑胡麻豆腐をつくる。アワビは殻つきのまま3時間ほど蒸したのち、肝と身に分ける。身と昆布だしをミキサーで回す。

2 白ゴマをペースト状にすり、**1**に混ぜる。これを鍋に移し、葛粉を加えて中火にかけて練る。塩で下味をつけ、砂糖少量を加えてまろやかにして流し缶に流して冷やし固める。

3 **2**を40gに切り出して葛粉をまぶし、170℃の揚げ油で色づけないよう3分間ほど揚げて油をきる。

4 肝あんを用意する。**1**の肝を裏漉しし、一番だしでのばして火にかけ、濃口醤油で味を調える。水で溶いた葛粉を加えて濃度をつける。

5 肝あんを流して鮑胡麻豆腐を盛り、サッとゆでて笹切りにしたグリーンアスパラとホワイトアスパラを盛る。上に一味唐辛子を添える。

鮟鱇の唐揚げ あん肝ソース

おぐら家

アンコウの唐揚げにアンキモのソースを合わせた。アンコウは部位によって揚げ方を変えると、それぞれの持ち味が生かされる。

温度時間：身は180℃で2分間。エラは180℃で10分間
イメージ：水分の多いアンコウの身はジューシーさを保持するように余熱で火を入れる。エラは時間をかけて水分を抜いてカリカリに（エビの頭部を揚げるような感じで）。

アンコウの身とエラ、塩
片栗粉、揚げ油
あん肝ソース（つくりやすい分量）
アンキモ…500g
煮汁（だし9：濃口醤油1：日本酒1：ミリン1）

1 アンコウをおろして40gの切り身にする。エラは白くなるまで水にさらす。身とエラに塩をふって30分間おいて適度に水分を抜く。

2 あん肝ソースを用意する。アンコウの肝は太い血管などを取り除き、クセを抑えるために軽く塩（分量外）をふって30分間おく。

3 2のアンキモを水にさらしたのち、日本酒（分量外）に30分間浸す。煮汁の材料を合わせて火にかける。沸いたらアンキモを入れて80℃を保って1時間煮る。そのまま冷まして、アンキモをフードプロセッサーにかけてペースト状にしてソースとする。

4 アンコウの身とエラに片栗粉をしっかりとまぶし、180℃に熱した揚げ油で揚げる。身は先に取り出してジューシーさを残し、エラは時間をかけてカリカリに揚げる。

5 器に4のアンコウの身とエラを盛り、3のソースを添える。歯を飾る。

げそ天ぷら 生姜あん

久丹

コウイカは火を入れるとかたくなりやすいが、アオリイカはかたくならないのが特徴。ショウガはイカと相性がよいので、熱いあんに多めに入れると風味が生きる。

温度時間：180℃で2分間
イメージ：天ぷら衣でコーティングして、ゲソをフワッと揚げる。

アオリイカのゲソ（ぶつ切り）
薄力粉、天ぷら衣（薄力粉、水）、揚げ油
生姜あん
……だし10：淡口醤油1：ミリン1
おろしショウガ
……葛粉
アサツキ（小口切り）

1 アオリイカのゲソに薄力粉をまぶし、天ぷら衣にくぐらせて180℃の揚げ油で揚げる。高温で揚げて中のゲソはフワッとした食感を残す。

2 生姜あんをつくる。だし、淡口醤油、ミリン、おろしショウガをすべて合わせて火にかけ、沸いたら水溶き葛粉を少しずつ加えて適度なとろみをつける。

3 器にゲソの天ぷらを盛り、生姜あんをかける。アサツキを上に散らす。

いしる漬けのイカゲソの唐揚げ

ゆき椿

イカでつくった魚醤にイカゲソを浸け込んで唐揚げに。相性のよさは間違いない。長時間浸けると味が濃くなるので注意が必要。

温度時間：150～160℃で2分間
イメージ：ゲソにカリッとした食感をつけてこうばしさを出すために適度に水分を抜く。

アオリイカのゲソ
浸け地（いしる30cc、ミリン30cc、日本酒15cc）
片栗粉、揚げ油

1 ゲソを合わせた浸け地に30分間浸ける。1時間浸けると味が濃くなってしまう。
2 水気をふいて片栗粉をにぎるようにしっかりまぶし、150～160℃の揚げ油でカリッと揚げる。
3 取り出して油をきり、器に盛りつける。

伊勢海老の煮おろし

蓮

イセエビは殻つきで揚げて、こうばしい香りを身に移す。
エビの味を損なわないように、ダイコンおろしは
差し昆布をしてまろやかに。

温度時間：170℃で1分間
イメージ：こげないよう衣でコーティングして殻の香りをたたせる。
余熱でちょうど火が入るように手前で取り出す。

イセエビ
薄力粉、薄衣（薄力粉3：コーンスターチ1：炭酸水1.5）、揚げ油

あん（つくりやすい分量）
……だし…300cc
淡口醤油…40cc
ミリン…20cc
……葛粉…適量
ダイコンおろし*

*ダイコンをおろし、軽く水気をきってだしを加え、差し昆布をして半日おく。

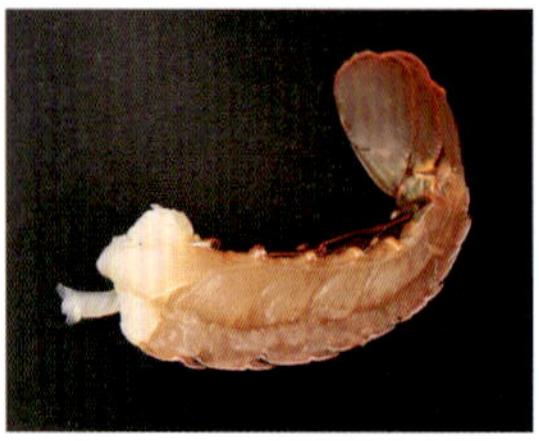

1　イセエビは脚と頭部をはずして水気をふく。薄力粉をまぶして薄衣をつけ、170℃の揚げ油で1分間揚げる。

2　取り出して余熱で火を入れ、殻をはずして食べやすく切って、揚げた殻と一緒に盛りつける。

3　あんをつくる。だしに淡口醤油とミリンを入れて熱し、水で溶いた葛粉を少しずつ加えてとろみをつける。あんに水気をきったダイコンおろしを加えて温める。

4　2に3をかけて供する。

海老銀杏餅揚

分とく山

色鮮やかなエビの赤と銀杏餅の黄色のコントラストが美しい。
もっちりとした銀杏餅の食感と、
カリッとした衣の食感の違いを出す。

温度時間：170℃で1〜1分半、最後は180℃
イメージ：銀杏餅にしっかり火を入れる。

エビ、薄力粉
銀杏餅
……銀杏ペースト*…30g
白玉粉…30g
水…10cc
塩…少量
薄力粉、天ぷら衣（薄力粉50g、卵1／2個、水100cc）、揚げ油
塩

*殻と甘皮をむいたギンナンを生のまま裏漉ししたもの。

1 エビは頭をはずして背ワタを抜き、殻をむく。1％濃度の塩水（分量外）で洗って水気をふき、腹開きにする。

2 銀杏餅をつくる。銀杏ペースト、白玉粉、水を合わせてこね、塩で軽く塩味をつける。

3 1のエビの内側に刷毛で薄力粉をまぶし、銀杏餅を挟む。

4 3に薄力粉をまぶし、天ぷら衣にくぐらせて170℃の油で揚げる。ふっくらとふくれて浮き上がってきたら、180℃に温度を上げて取り出し、油をきる。仕上げに塩をふる。

芝海老と竹の子のひろっこ揚げ

まめたん

アサツキの若芽を北東北では「ひろっこ」と呼ぶ。1月頃から出回る春の食材ひろっこを天ぷら衣の上につけて揚げ、ネギが焼けるこうばしい香りをつけた。

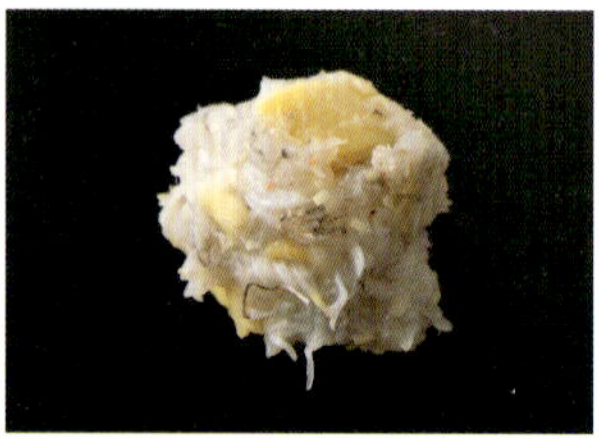

白海老と海胆の磯辺揚げ

根津たけもと

シロエビとウニの甘さを出すには、しっかりと火を入れたほうがよい。揚げてから時間をおくとしっとりとしてくるので、余熱はとらずにすぐに提供したい。

車海老しんじょのお椀

西麻布 大竹

クルマエビは大きめに切って
しんじょ地に混ぜ、プリッとした
食感を生かす。椀種にする場合
ゆでることが多いが、揚げると
食感がよくなり、だしにコクがつく。

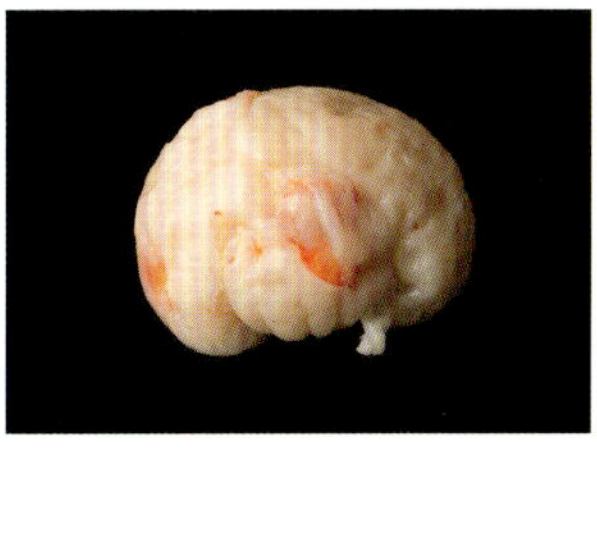

芝海老と竹の子のひろっこ揚げ

まめたん

「
温度時間：１７０℃で1.5分間→余熱１分間→１７０℃で1.5分間→余熱１分間、合計５分間

イメージ：中温で揚げて途中で何度か取り出して、余熱で中まで火を入れていく。
」

シバエビ、すり身少量
タケノコ（アク抜き済、小角切り）
ショウガ（みじん切り）
薄力粉、天ぷら衣（薄力粉、卵黄、水）、アサツキの芽
揚げ油
だし醤油、木ノ芽

1 シバエビは頭と殻をむいて、背ワタを抜く。包丁の腹でねっとりとつぶす。つぶしたシバエビにタケノコ、ショウガ、すり身を合わせてよく混ぜる。

2 1個25gに丸め、薄力粉をまぶして、天ぷら衣にくぐらせる。まわりにアサツキの芽をつけて、１７０℃の揚げ油で1分半ほど揚げる。

3 取り出して余熱で1分間火を入れる。再度１７０℃の油で1分半揚げる。取り出して1分間ほど余熱で火を入れる。

4 ゆでたタケノコの皮の部分をとっておき、この断面をあぶって香りをたて、**3**を盛りつける。だし醤油をたらして、たたき木ノ芽を散らす。

白海老と海胆の磯辺揚げ

根津たけもと

「
温度時間：１７０℃で５分間、最後に少し温度を上げる

イメージ：中のシロエビとウニに完全に火を入れる。半生ではなく、食べたときにポソッとした食感になるようにしっかりと。
」

シロエビ
ウニ
海苔（４㎝×８㎝角）
天ぷら衣（薄力粉、卵、水）、揚げ油
塩、七味唐辛子

1 海苔にウニをのせ、上にシロエビを15尾程度のせる。海苔を巻きやすくするために水を吹きつける。

2 海苔をつまむように巻き、天ぷら衣にくぐらせて１７０℃の揚げ油で揚げる。５分間１７０℃をキープし、最後は少し温度を上げて取り出す。

3 塩をふってすぐに提供。上から七味唐辛子をふる。

車海老しんじょのお椀

西麻布 大竹

温度時間：175℃で2分間
イメージ：表面を均等なキツネ色に色づける。

揚げ油

車海老しんじょ
……クルマエビ…2本
……すり身…100g
……水・浮き粉・おろしたヤマトイモ…各少量

吸い地（一番だし、塩、淡口醤油）
ウド、スナップエンドウ、ヤングコーン
浸し地（だし50cc、塩2g、淡口醤油・ミリン各少量）
花ユズ

1 車海老しんじょをつくる。クルマエビは頭と殻をむいて、1.5cm程度に切る。すり身に水、浮き粉、おろしたヤマトイモを加えてすり混ぜ、クルマエビを混ぜる。

2 ヤングコーン、ウド、スナップエンドウをサッとゆがいておく。ヤングコーンとウドは浸し地に浸ける。スナップエンドウは薄い塩水（分量外）に浸ける。

3 **1**を丸めて、175℃の揚げ油で2分間ほど揚げて油をきる。表面が薄いキツネ色になるようカリッと揚げる。

4 椀に**3**を盛り、熱い吸い地を注いで、ウド、スナップエンドウ、ヤングコーンを添えて、花ユズを散らす。

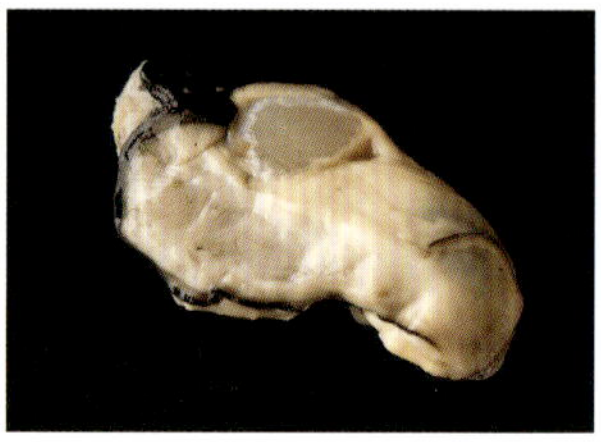

牡蠣香煎揚

分とく山

カキは脱水シートで水分を抜いて味を凝縮させたのち揚げる。塩味の煎餅を細かく砕いて衣にし、こうばしさをつけた。

牡蠣　四万十海苔の磯辺揚げ

まめたん

大粒のカキを選び、四万十海苔の香りを強調した衣をまとわせた変わり揚げ。衣も旨いので、一緒に散らしてサッと揚げ、上に添えて華やかに。衣だけでも十分酒肴の一品になるおいしさ。

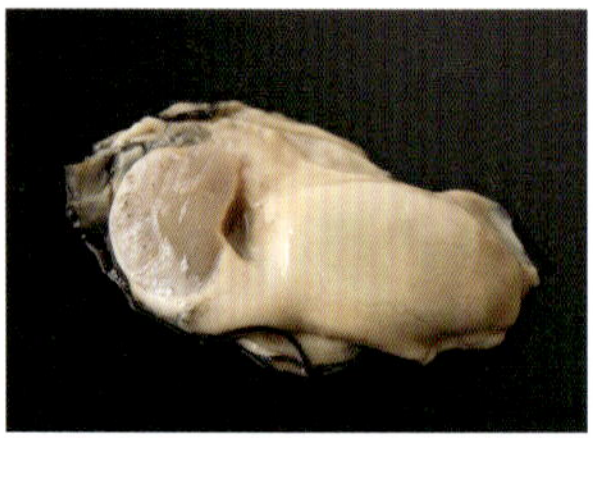

牡蠣と青さ海苔 蓮根揚げ

おぐら家

カキには火が通りづらくなるが、レンコンは厚めに切ってほっくりした食感を出すのがポイント。

牡蠣の揚げ浸し

西麻布 大竹

しっかりと火を通したカキを揚げ浸しに。衣に濃い揚げ色はつけずに食感よく仕上げたい。合せだしにも油のコクが加わる。

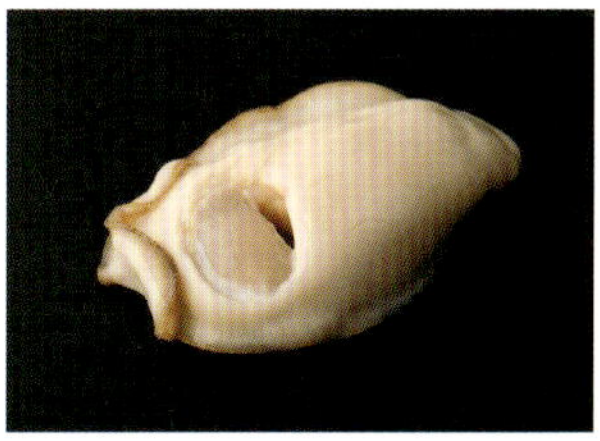

牡蠣香煎揚

分とく山

温度時間：170℃で2分間
イメージ：やや低めの油で、カキに確実にしっかり火を通す。
衣をこがさないように注意。

カキむき身
塩水（塩分濃度1%）
薄力粉、卵白、塩煎餅、揚げ油
スダチ

1 カキは塩水で洗って水気をふき取り、脱水シートで挟んで2～3時間おいて水分を抜き、味を凝縮させる。

2 塩煎餅はビニール袋に入れて麺棒でたたき、細かく砕く。またはフードプロセッサーで細かくしてもよい。

3 カキに薄力粉をしっかりとつけて、余分な粉をはらい、目切りした卵白にくぐらせる。2の煎餅をまぶして170℃の揚げ油でしっかりと火を入れる。取り出して油をきり、スダチを添える。塩気は煎餅の塩分で充分。

牡蠣 四万十海苔の磯辺揚げ

まめたん

温度時間：185℃で数十秒
イメージ：水分の多いカキを濃いめの衣でコーティングして、縮まないうちに高温短時間で揚げたのち、余熱で火を通す。

カキ、塩
薄力粉、磯辺衣（四万十海苔、薄力粉、卵黄、水）
揚げ油
カマルグの塩

1 カキは殻をはずして塩でもみ洗いする。水気をふいて薄力粉をしっかりとつけて磯辺衣にくぐらせる。磯辺衣は、濃いめに溶いた天ぷら衣に乾燥した四万十海苔をたっぷり混ぜたもの。カキは水分が多いので、衣は濃いめがよい。

2 185℃に熱した揚げ油に1のカキを入れて、衣が固まったら取り出す。ジューシーなカキが縮まないうちに強火でカリッと揚げて取り出して、カキには余熱で火を入れる。

3 散った磯辺衣を上げて油をきり、カキの磯辺揚げの上にのせる。カマルグの塩をふる。

牡蠣と青さ海苔 蓮根揚げ

おぐら家

温度時間：160℃で3分半、最後は180℃
イメージ：最初はこがさないよう種側をしっかり固める。レンコンにほっくり火を入れ、最後は種側をカリッと。

レンコン（5㎜厚さの輪切り）
種（カキむき身、青さ海苔、あられ切りのレンコン）
三ッ葉（ざく切り）
薄力粉、溶き卵、天ぷら衣（薄力粉、卵黄、水）、揚げ油

1 種をつくる。カキはサッと水洗いして水気をふく。包丁で細かくたたき、青さ海苔と合わせる。あられ切りのレンコンをさらにたたいて混ぜ、輪切りのレンコンの上に20g取り分けてのせる。上に三ッ葉を散らす。

2 種の上に薄力粉を刷毛でつけ、溶き卵を塗り、天ぷら衣をつけて、種を下に向けて160℃の揚げ油で揚げる。

3 種が固まったら裏返してレンコンを揚げる。もう一度裏返して温度を上げて種をカリッと仕上げる。

4 ここでは断面が見えるように盛りつけたが、提供時は食べやすく切ってレンコンの形に戻して盛りつける。

牡蠣の揚げ浸し

西麻布 大竹

温度時間：175℃で4分間
イメージ：カキの表面部分から適度に水分を抜いてカリッと。

カキむき身…2個
塩、片栗粉、揚げ油
合せだし（一番だし300cc、淡口醤油30cc、濃口醤油30cc、ミリン20cc）
ダイコンおろし、ペリーラ*、糸唐辛子
*大葉のスプラウト。

1 カキのむき身は水分をふいて少量の塩をふり、握るようにして片栗粉をしっかりとまぶしつけ、175℃の揚げ油で揚げる。衣をカリッと揚げる。

2 合せだしを用意する。材料をすべて合わせて一煮立ちさせる。

3 器にカキを盛り、熱い合せだし適量をかける。ダイコンおろしを添え、ペリーラと糸唐辛子を散らす。

牡蠣ご飯

まめたん

まめたんの最後の土鍋ご飯はカキ以外にもシロエビやサクラエビなどの揚げ物を合わせてボリュームを出すことが多い。さっぱり食べていただくために、酸味のあるすぐき漬けを一緒に混ぜる。

温度時間：185℃で数十秒
イメージ：濃いめの天ぷら衣でカキをコーティングして高温で強めに火を入れる。

カキむき身…5個
薄力粉、濃いめの天ぷら衣（薄力粉、卵黄、水）
揚げ油
カマルグの塩
米…2合
炊き地（一番だし1.8合）＊
濃口醤油
すぐき漬け（みじん切り）、鴨頭ネギ（小口切り）
＊2重蓋の土鍋を使用するさいの水分量。

1 カキは塩もみして水洗いし、水気をふく。薄力粉をしっかりとつけて、濃いめの天ぷら衣にくぐらせて185℃の揚げ油でサッと揚げて取り出す。塩をふっておく。

2 米を研ぎ、30分間浸水したのち土鍋（2重蓋を使用）に移し、炊き地を注いで中火にかける。沸騰して湯気が立ってきたら火を止めて8分間蒸らす。

3 蓋を開け、上に揚げたカキ、細かく刻んだすぐき漬けと鴨頭ネギを盛り、濃口醤油を香りづけにたらして混ぜる。味をみて調整する。

真加治木のオランダ煮

根津たけもと

揚げてから煮る料理を「オランダ煮」という。ジューシーさを残して表面をカリッと揚げ、味をからめるオランダ煮には、淡白でぱさつきがちな鶏むね肉などが向いている。ここでもメカジキに比べて脂が少ないマカジキを使った。ご飯が合いそうな総菜風の一品。

鰹のたたき風 ねぎがり

根津たけもと

あぶるかわりに、たっぷりの油でサッと揚げ焼きにしたたたき風。皮下の脂が少ない時期に合った調理法で、油の香りとコクで美味になる。ただしカツオは皮つきを選ぶこと。酸味のあるガリでさっぱりとすすめる。

蕪と鰹の揚げだし

ゆき椿

カブは水分を適度に抜いて甘みを凝縮させる。
一方カツオは短時間で中心はレアの状態で取り出す。

鰹のレアフライ たたき風

西麻布 大竹

カツオの間にニンニク、ショウガ、大葉など、
たたきの薬味を挟んでフライに。
刺身用のカツオはレアに火を入れる。

真加治木のオランダ煮

根津たけもと

温度時間：180℃で3〜4分間
イメージ：しっかりと薄力粉をつけて水を吹きつけ、きれいな揚げ色をつける。

マカジキ、塩、薄力粉
生麩
グリーンアスパラガス
揚げ油
オランダ煮の地（だし6：ミリン1：濃口醤油1、砂糖少量）、バター
芽ネギ、黒コショウ

1 マカジキはさく取りして、2cm角に切りそろえる。薄塩をあてて4時間ほど冷蔵庫におく。
2 水気をふき、薄力粉をまぶして水を吹きつける。水をふきつけて粉になじませると、きれいに揚げることができる。
3 180℃の揚げ油で3〜4分間程度揚げて油をきる。この段階で中まで完全に火が通らなくてもよい。
4 生麩と食べやすく切ったグリーンアスパラガスを3の油に入れて素揚げする。
5 オランダ煮の地を合わせて火にかけ、マカジキと生麩、グリーンアスパラガスを入れてからめ、最後にバターを加えて強火で熱して乳化させ、風味とコクをつける。
6 器に盛りつけ、切りそろえた芽ネギを添えて、黒コショウをふる。

鰹のたたき風 ねぎがり

根津たけもと

温度時間：煙が立ったゴマ油で皮目をしっかり、身側は色が変わる程度に短時間で
イメージ：皮目をパリッとさせるように皮目中心に高温で。

カツオ（皮つき）、塩
ゴマ油（焙煎濃口タイプ）
ポン酢
薬味（ガリ、ミョウガ、白ネギ、芽ネギ、スダチ）

1 カツオはサク取りして塩をふる。
2 フライパンに1cmほどの深さまでゴマ油を注ぎ、火にかける。煙が立ってきたら、カツオの皮目から揚げ焼きにする。
3 皮目がパリッとしたら身側をサッと揚げ焼きにする。取り出してそのまま冷ます。
4 薬味を同じ長さのせん切りに切りそろえておく。
5 カツオを平造りにして盛りつけ、上に薬味をたっぷりと乗せる。まわりにポン酢を流す。

蕪と鰹の揚げだし

ゆき椿

温度時間：カブは150℃で4分間。カツオは160℃で1分間
イメージ：カブは素揚げでゆっくり水分を抜く。カツオは高温短時間で中をレアに。あまり火を入れたくないので片栗粉でコーティング。

カブ
カツオ、片栗粉
揚げ油
揚げだしあん
（だし6：日本酒1：淡口醤油1：ミリン1：片栗粉適量）
黒七味、九条ネギ

1 カブは皮つきのままくし形切りにする。カツオは背側の身をさく取りし、厚めの平造りにする。
2 150℃の揚げ油にカブを入れて、素揚げにする。ゆっくりと加熱して水分を抜きながらカブに火を入れる。
3 カツオは厚さ1cmの平造りにして片栗粉をしっかりとまぶし、160℃の揚げ油でサッと揚げる。中心はレアに。
4 揚げだしあんをつくる。だしを熱し、日本酒、淡口醤油、ミリンで味を調え、水溶き片栗粉を少しずつ入れて濃いめにとろみをつける。
5 器にあんを流し、カブとカツオを盛り、黒七味をふる。天に刻んだ九条ネギを添える。

鰹のレアフライ たたき風

西麻布 大竹

温度時間：180℃で30秒間
イメージ：高温の油で短時間揚げて衣に火を入れるイメージで。

カツオ
ニンニク（薄切り）
ショウガ（薄切り）
大葉（せん切り）
薄力粉、溶き卵、生パン粉、揚げ油
ポン酢あん（つくりやすい分量）
ポン酢…200cc
濃口醤油…200cc
一番だし…100cc
ミリン…少量
葛粉…適量
ミョウガ（薄切り）、芽ネギ

1 カツオをさく取りし、間に1本包丁目を入れた厚さ1cmの平造りにする。
2 1で入れた包丁目にニンニク、ショウガ、大葉を挟んで薄力粉をまぶし、溶き卵にくぐらせて、生パン粉をつける。
3 180℃の揚げ油で2のカツオを30秒間揚げて取り出し、油をきる。
4 ポン酢あんをつくる。だしと調味料を合わせて熱し、状態を見ながら少しずつ水で溶いた葛粉を入れてとろみをつける。
5 カツオを器に盛り、ポン酢あんを少量流し、天にミョウガと切りそろえた芽ネギを盛る。

松葉蟹ぶぶあられ

楮山

サッと霜降りしたカニの脚に
ぶぶあられをつけて揚げた変わり揚げ。
ぶぶあられはあらかじめ素揚げしておくと、
時間が短縮できるので、カニに火が
入りすぎない。

毛蟹のがんもどき
銀杏のすりながし

楮山

濃いめに揚げ色をつけたがんもどきに、
焼きギンナンのこうばしいすり流しを
合わせた秋の椀物。

鱚の食パンフライ

椿山

キスを食パンに挟んで少量の油で揚げ焼きした初夏の洋皿。パセリのソースとディルの花を一緒に味わうとさわやかな香りが口に広がる。

温度時間：フライパンに油を多めに入れて弱火で
イメージ：パンをこがさないよう低温でムラなくキツネ色に。

キス、塩、コショウ
大葉
薄力粉、溶き卵、食パン、揚げ油
パセリソース*
ディルの花

*パセリをゆでてミキサーで回し、裏漉しして少量の塩で薄味をつける。

1 キスは三枚におろし、一口大に切る。強めに塩をあててコショウをふる。2枚の大葉でキスを挟み、薄力粉をまぶし、溶き卵にくぐらせて、薄切りの食パンで挟む。

2 フライパンに多めに油を注ぎ、火にかける。少し温度が上がったら1の耳を切り落として半分に切って入れ、低温で揚げ焼きする。

3 キツネ色に色づいたら裏返す。パンが油を吸うので、油が少なくなったら足す。両面キツネ色になったら取り出して油をきる。

4 器にパセリソースを流し、食パンフライを盛りつける。ディルの花を散らす。

松葉蟹ぶぶあられ

褚山

温度時間：160℃で3分間
イメージ：衣を固めるイメージ。カニにはあまり火を入れたくない。温める程度。

マツバガニ（脚）、塩
おかゆ、ぶぶあられ、揚げ油
カニ味噌タルタル（つくりやすい分量）
……ゆで玉子の卵黄…2個分
カニ味噌…1杯分
カニほぐし身…100g
……塩・レモン汁…各適量

1　カニの脚を用意し、塩を入れた湯でゆでる。殻の色が変わったらすぐに取り出して殻をむく。
2　1のカニ脚に塩をふり、刷毛でおかゆを塗って、素揚げしたぶぶあられをしっかりとつける。
3　160℃に熱した揚げ油に入れ、3分間揚げる。カニが浮いてきたら取り出して油をきる。
4　カニ味噌タルタルをつくる。ゆで玉子の黄味だけを取り出してつぶし、カニ味噌、カニのほぐし身、塩、レモン汁を混ぜる。
5　甲羅を飾り、揚げたカニ脚を盛る。カニ味噌タルタルを添える。

毛蟹のがんもどき 銀杏のすりながし

褚山

温度時間：160℃で10分間、最後は温度を上げる
イメージ：表面をカリッとかためにに揚げる。

がんもどきの種（つくりやすい分量）
……ケガニほぐし身…100g
ホタテ貝柱（裏漉し）…20g
ツクネイモ（すりおろし）…10g
木綿豆腐（裏漉し）…30g
……卵白（六分立て）…5g
揚げ油
煮汁（だし8：淡口醤油0.5：濃口醤油0.5：ミリン1）
銀杏すり流し（ギンナン100g、だし100cc、塩適量）
ウグイス菜

1　がんもどきの種をつくる。ケガニ、裏漉ししたホタテ貝柱、ツクネイモ、水きりした木綿豆腐の裏漉し、泡立てた卵白を混ぜる。
2　がんもどきの種を1個50gに丸く取って、160℃に熱した揚げ油で揚げる。表面に濃いめに色がついてカリッとかたくなるように揚げ、最後は温度を上げる。色づいたら取り出す。
3　煮汁に粗熱がとれた2のがんもどきを入れて弱火にかける。沸いたら煮汁ごと密封容器に移し、容器を氷水に浸けて味をしっかり含める。
4　銀杏すり流しをつくる。ギンナンは殻をむき、網焼きして甘皮をむく。ミキサーにギンナンを移し、だしを入れてミキサーにかける。
5　3のがんもどきを煮汁で温める。4のすり流しを取り分けて塩で味を調え、温める。椀にすり流しを流し、温めたがんもどきを盛る。上にゆがいたウグイス菜を添える。。

金目鯛と蕪　蕪のみぞれあん

まめたん

甘みを凝縮したカブとふっくらと揚げた
キンメダイのコクをみぞれあんに生かした揚げ出し。
提供時に「おカブを上げタイ」と洒落を一言添えて。

温度時間：キンメダイは180℃で短時間、その後余熱で火を入れる。
カブは170℃で5分間
イメージ：キンメダイはジューシーさを残してふっくらと揚げるために、
比較的高温で揚げてまわりをカリッと。
カブは水分が多いので、歯応えが残る程度に水分を適度に抜いて甘みを凝縮させる。

キンメダイ、塩
カブ
薄力粉、薄衣（薄力粉、卵黄、水）、揚げ油
カブのみぞれあん（キンメだし*、塩、
おろしカブ、九条ネギ、ショウガ汁、葛粉）
ユズの皮

*キンメダイの骨にたっぷり塩をまぶして1晩おいて水洗いする。水10に対して日本酒2を合わせて骨、くず野菜（ハクサイ、玉ネギの皮、キャベツなど甘みが出る野菜）、ネギ、ショウガを入れて火にかける。沸いたら火を弱めてコトコトと1時間煮てだしをとる。

1 キンメダイはカブの大きさに合わせて切り身にする。カブは皮を厚くむき、2cm厚さの輪切りにする。

2 キンメダイは薄塩をふって薄力粉をまぶし、薄衣にくぐらせて180℃の油で揚げる。表面はカリッとさせる。

3 カブは170℃の油でじっくり揚げて、適度に水分を抜く。くたくたに柔らかくせず、ある程度歯応えを残す。

4 カブのみぞれあんをつくる。キンメだしを熱し、塩で味をつける。水で溶いた葛粉を少しずつ加えてとろみをつけ、水気をきったおろしカブと笹切りの九条ネギを入れて温め、ショウガ汁を加えて味を締める。

5 カブ、キンメダイを盛り、みぞれあんをかける。ふりユズをする。

素揚げ小柱の塩雲丹和え

根津たけもと

独特の旨みと塩味が持ち味の塩ウニ。塩ウニに生ウニを合わせてマイルドな和え衣に。油とのマッチングでより食べやすくなる。先付、お通しなどの酒肴にぴったり。

温度時間：180℃で1分間
イメージ：高温でコバシラの水分は抜かずにジューシーに。油の香りをつけるというイメージで揚げていく。

コバシラ
薄力粉、揚げ油
和え衣（塩ウニ1：生ウニ1、だし少量）
焼きウニ＊

＊生ウニを煎ってパラパラにし、すり鉢ですって粉末状にする。

1 和え衣を用意する。塩ウニと生ウニを同量ずつ合わせる。濃度をみながらだしを適量加えて調整する。

2 コバシラは水気を軽くふいて薄力粉をまぶす。180℃に熱した揚げ油で1分間揚げて油をきる。

3 揚げたコバシラを1の和え衣で和えて盛る。焼きウニをたっぷりと上からふる。

桜海老 しゃぶ餅挟み揚げ

おぐら家

しゃぶしゃぶ用の薄い餅で桜海老しんじょを挟んで揚げた。餅が真っ白く揚がるようにきれいな揚げ油を使いたい。

温度時間：180℃で30秒間
イメージ：餅に揚げ色がつかないよう、高温短時間で仕上げる。

桜海老しんじょ（つくりやすい分量）
…生サクラエビ…200g
すり身…500g
玉子の素*…3個分
しゃぶしゃぶ用餅、海苔
薄力粉、薄衣（薄力粉、卵黄、水）、揚げ油

*卵黄3個分をボウルに入れて泡立て器ですり混ぜ、サラダ油150gを少量ずつ加えてマヨネーズ状にする。

1 桜海老しんじょをつくる。サクラエビをミキサーにかけてペーストにする。ここにすり身、玉子の素を入れて回し、しんじょをつくる。
2 しゃぶしゃぶ用餅で15gのしんじょを挟み、細く切った海苔で巻く。しんじょは分量が多いときれいに揚がらないので適量を。
3 薄力粉をまぶし、薄衣にくぐらせて180℃の揚げ油で揚げる。しんじょの赤色が映えるよう餅に揚げ色がつかないように注意。
4 取り出して油をきって盛りつける。

稲庭うどん 桜海老瞬間揚げ

楮山

乾麺の稲庭うどんをゆがいてサクラエビピューレで和え、サクラエビの瞬間揚げをトッピングに。生のサクラエビを高温短時間で揚げて独特の香りと食感を出した。

温度時間：２００℃で10秒間
イメージ：一瞬で取り出して、外の殻は水分を抜き、身にはジューシーさを残す。

生サクラエビ、揚げ油
稲庭うどん…50g
サクラエビのピューレ（つくりやすい分量）
……玉ネギ（みじん切り）…１／２個分
生サクラエビ…３００g
サラダ油…適量
生クリーム…１００cc
牛乳…適量
塩…適量
……アマランサスのスプラウト

1 サクラエビはサッと水洗いして水気をていねいにふき取る。

2 揚げ油を２００℃に熱し、**1**のサクラエビを入れる。バチバチという音が消え、水分が抜けたら揚げ網で取り出す。殻はカリッと、身はジューシーさを残す。

3 サクラエビのピューレをつくる。玉ネギをサラダ油で炒め、しんなりしたらサクラエビを入れる。水分が飛んだら、浸るくらいの牛乳、生クリームを加えて30分間煮る。塩で味を調え、ミキサーにかける。

4 稲庭うどん50gをゆで、水気をきる。**3**のピューレを80gほど取り分け、ゆで汁少量を加えてのばす。ゆでたうどんを入れて和え、器に盛る。**2**のサクラエビを盛り、アマランサスをふんわりと盛る。煎った落花生を砕いて散らしてもいいだろう。

桜海老の炊き込みご飯

蓮

炊きたてのご飯の上に、揚げたてのサクラエビをたっぷりのせて花サンショウとともに蒸らすと、香りが立ち、油がご飯になじんで美味。

温度時間：175℃で15秒間
イメージ：高温短時間で揚げてエビのジューシーさを残しつつ殻はカリッとさせるイメージ。

生サクラエビ…50g
揚げ油
米…1.5合
炊き地（だし340cc、淡口醤油20cc、
　おろしショウガ少量）
花サンショウ…適量

1 サクラエビはサッと水洗いして水気をきっておく。

2 175℃に熱した揚げ油でサクラエビを15秒間揚げて、すぐに取り出して油をきる。

3 ご飯を炊く。米を研いで10分間浸水させる。土鍋に米を移し、米の1割増しの炊き地を注ぎ、強火で沸かす。沸いたら弱火にして5分間炊いたのち、火を止めて3分間蒸らす。

4 3に2のサクラエビと生の花サンショウをのせてさらに2分間蒸らす。

5 炊き上がったら、土鍋をお客さまに見せてからサックリと混ぜて茶碗によそう。

細魚と生海胆 新玉あんかけ

まめたん

ウニのまわりにサヨリを巻いてウニを半生に仕上げる。新玉ネギの甘みを生かしたあんをウニに合わせた。

温度時間：180℃で1分間
イメージ：高めの油温で揚げ、中心のウニはサヨリの余熱でジャストに火を入れる。

サヨリ
ウニ
薄力粉、薄衣（薄力粉、卵黄、水）、揚げ油
新玉あん（おろし新玉ネギ**1**：濃口八方だし*1、葛粉適量）
芽ネギ

*だし**5**：ミリン**1**：濃口醤油**1**の割で合わせたもの。

1 サヨリは三枚におろし、皮目に斜めに細かく飾り包丁を入れる。包丁目を入れると巻きやすくなる。
2 サヨリをくるくると巻いて、中にウニを詰めて楊枝で留める。
3 2に薄力粉をまぶし、薄衣にくぐらせて180℃の揚げ油で揚げる。中のウニは半生で取り出し、提供時にちょうどよい状態に火が入るようにする。
4 新玉あんをつくる。おろした新玉ネギに同量の濃口八方だしを合わせて火にかけ、水で溶いた葛粉でとろみをつける。
5 新玉あんを器に流し、**3**を盛る。上に刻んだ芽ネギをたっぷり盛る。

秋刀魚チーズ巻き揚げ

おぐら家

細長いサンマでチーズを巻いた揚げ物。サンマはこうばしい焼き目が合う魚なので、揚げてから切り分け、あぶってこげめをつけてみた。

温度時間：160℃で2分間
イメージ：ゆっくりと中に巻き込んだチーズを柔らかくするようなイメージで。

サンマ、塩
大葉
とろけるスライスチーズ
薄力粉、天ぷら衣（薄力粉、卵黄、水）、揚げ油

1 サンマは三枚におろし、塩をふって10分間おいて水分をふき、臭みをとる。巻きやすいように片身を観音開きにして厚さをそろえる。薄くすれば火通りもよくなる。

2 身側を上に向け、大葉を敷いてとろけるスライスチーズをのせてサンマと一緒に巻き込む。端を楊枝で留めておく。

3 薄力粉をまぶし、天ぷら衣にくぐらせて、160℃の油で揚げる。取り出して油をきり、余熱で火を入れる。

4 端を切りそろえて半分に切り、断面をバーナーであぶってこげめをつける。楊枝を抜いて盛りつける。

秋刀魚と秋茄子竜田揚げ山椒味噌ソース

おぐら家

秋においしくなるサンマとナス。それぞれに合った方法で揚げて一緒に食べていただく。ナスはとろりと柔らかくなるように火を入れる。

温度時間：サンマは180℃で30秒間。ナスは180℃で1分間
イメージ：サンマは身が薄いので、こがさないように高温でサッと。ナスは水分を適度に抜いてとろりとさせ、まわりはカリッと。

サンマ、塩、片栗粉
ナス
揚げ油
山椒味噌ソース
……山椒味噌（→P23下段）
煮きり酒
薬味（大葉、ミョウガ、カイワレ菜）

1 サンマを三枚におろして塩をふり、10分間おいて水気をふいて臭みをとる。皮目に格子状の包丁目を入れて5～6cm長さに切りそろえる。

2 ナスは1cm厚さの一口大に切り、切り口に格子状の包丁目を入れておく。

3 サンマは刷毛で片栗粉をまぶして180℃の揚げ油でサッと揚げる。こがさないように注意。

4 ナスは180℃の揚げ油で素揚げにする。水分を適度に抜いて中はとろりと、まわりはカリッと揚げる。

5 ナスとサンマを盛り合わせ、山椒味噌を煮きり酒適量でのばした山椒味噌ソースをかけて、せん切りにした各種薬味野菜を混ぜて添える。

白魚の俵揚げおろし酢がけ

蓮

大きめのシラウオを選んでしっとり揚げるのがポイント。
おろし酢でさっぱりとすすめる。

温度時間：160℃でサッと
イメージ：低温の油で揚げ、中心がまだ生の状態で取り出して余熱で火を入れる。

シラウオ…15尾
薄力粉、薄衣（薄力粉3：コーンスターチ1：炭酸水1.5）、揚げ油
おろし酢（ダイコンおろし100g、だし20cc、昆布5g、酢10cc、塩少量）
芽ネギ

1 シラウオは薄力粉をまぶして15尾ほどそろえてまとめ、薄衣にくぐらせて、160℃の揚げ油で短時間揚げる。中心はまだ生の状態で取り出して油をきる。余熱で半生の状態まで火を入れる。

2 おろし酢をつくる。ダイコンをおろし、軽く水気をきり、だしを加え、差し昆布をして、調味料を加えて半日おく。

3 シラウオを盛り、おろし酢をかけ、芽ネギを添える。

白魚と八尾若牛蒡のかき揚げ丼

久丹

揚げ物は、提供温度が大事。若ゴボウの香りや軽さ、丼たれなどの味の濃淡も、温度によって感じ方がまったく違ってくる。揚げたてを提供したい。

温度時間：160℃で3分間、最後は180℃
イメージ：種が散らないよう、低温の油に投入し、形が決まったら裏返して高温にして油ぎれよく。

シラウオ…20g
新ゴボウと茎（笹がき）…10g
薄力粉、天ぷら衣（薄力粉、水）、揚げ油
ご飯
丼たれ*（たまり醤油0.8：濃口醤油0.8：日本酒1：ミリン＋赤酒2.5）
青さ海苔
*調味料を生合せして、継ぎ足しながら使っていく。

1 新ゴボウは根と茎を笹がきにする。茎は水にさらしておく。
2 シラウオと1のゴボウの根と茎をボウルに合わせ、薄力粉少量をまぶす。ここに天ぷら衣を適量加えて混ぜる。
3 穴あき玉杓子でとり、余分な衣をきったのち、衣が散らない程度の低めの温度の油に静かに入れる。
4 途中で裏返して、最後は180℃まで温度を上げて、カリッと揚げる。取り出して油をきっておく。
5 ご飯を盛り、4のかき揚げをのせ、甘辛い味に調えた丼たれをたらす。青さ海苔をのせる。

太刀魚とそら豆の変わり揚げ

西麻布 大竹

タチウオの切り身に砕いたソラマメをのせ、裏面には塩せんべいをまぶした変わり揚げ。メレンゲに片栗粉を混ぜてバッターにしているのでソラマメがはがれずきれいに揚がる。

温度時間：170℃で3分間
イメージ：ソラマメの色を鮮やかに。裏面の塩せんべいをカリッと。

タチウオ、塩
大徳寺納豆
ソラマメ
塩せんべい
薄力粉、バッター（卵白1個分、片栗粉10g）、揚げ油

1 タチウオを三枚におろし、軽く塩をふったのち、7㎝ほどの長さに切る。観音開きにして、刻んだ大徳寺納豆を挟む。

2 ソラマメはサヤをはずして皮をむき、粗みじんに刻む。塩せんべいは細かく砕いておく。

3 バッターを用意する。卵白を八分立てに泡立てて、片栗粉を混ぜておく。

4 1のタチウオに薄力粉を刷毛でまぶし、3を塗る。皮側に刻んだソラマメをしっかりつけ、裏側に細かく砕いた塩せんべいをつける。

5 170℃に熱した揚げ油の中にソラマメ側を上に向けて入れる。3分間ほど揚げて取り出して油をきって器に盛る。ここでは中が見えるように切り分けた。

白子と牛肉の湯葉あんかけ

まめたん

白子と牛ロースのとろける舌ざわり、くみ上げ湯葉のクリーミーさ、とろりとからむべっ甲あん。柔らかい素材の組合せに対して、カリッとした衣が際立つ仕立て。カキなど柔らかい素材で代用してもよい。

温度時間：１８０℃で20〜30秒間
イメージ：高温短時間で揚げて白子を熱々でとろりとした食感に。

タラ白子、塩水
薄力粉、天ぷら衣（薄力粉、卵黄、水）、揚げ油
しゃぶしゃぶ用牛ロース肉
くみ上げ湯葉、べっ甲あん＊
ユズの皮

＊だし**5**：濃口醤油**1**：ミリン**1**の割で合わせて熱し、水で溶いた葛粉を少しずつ加えてとろみをつける。

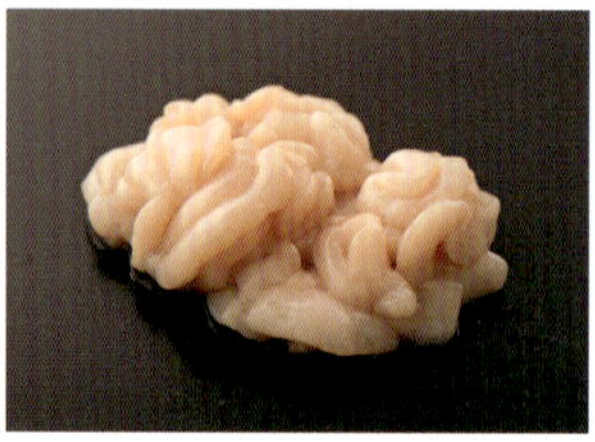

1 白子は1個20gに切り分け、塩水で洗って水気をふき、薄力粉をまぶす。天ぷら衣にくぐらせたら、揚げ鍋の上で白子を回して余分な衣を散らしてから１８０℃の揚げ油に入れる。20〜30秒間揚げて取り出して油をきる。

2 しゃぶしゃぶ用牛ロース肉を60℃の湯にくぐらせて、**1**の白子に巻く。

3 **2**を器に盛り、上に温めたくみ上げ湯葉、熱いべっ甲あんをかける。マイクロプレインで粗くすったユズをたっぷりふる。

のれそれの利久揚げ

根津たけもと

アナゴの稚魚のノレソレに、ゴマをつけてカリカリに揚げた利久揚げ。薄い身の割にしっかりと時間をかけて揚げるが、ノレソレ特有のヌメリ気は失われない。また揚げたあと時間がたっても衣の食感は変わらない。白魚でも応用できる。

温度時間：160℃で4〜5分間
イメージ：ゴマをこがさないように注意して、衣をカリッと固める。

ノレソレ
天ぷら衣（薄力粉、卵、水）、煎りゴマ、揚げ油
塩
七味唐辛子

1 ノレソレの水分をふき、天ぷら衣にくぐらせて、煎りゴマをしっかりとまぶす。天ぷら衣のかわりに溶いた卵白を用いてもよい。

2 160℃に熱した揚げ油で、衣のゴマをこがさないように注意して4〜5分間揚げる。

3 取り出して油をきり、塩をふる。油がきれたら盛りつけ、七味唐辛子をふる。

ハタハタの一夜干しで南蛮漬け

根津たけもと

ひんやり冷たい南蛮漬け。ハタハタは小さめのものを選ぶ。踊り串を打って風干しし、串を打ったまま揚げて南蛮地に浸ければ勢いのよい形が保てる。

温度時間：170℃で7分間
イメージ：頭までカリッと食べられるようにやや低めの油でじっくり揚げる。

ハタハタ、塩水（塩分濃度3％）、揚げ油
長ネギ、ゴマ油（焙煎濃口タイプ）
南蛮地（だし12：ミリン1：リンゴ酢1、塩適量、淡口醤油少量）
万能ネギ（小口切り）、七味唐辛子

1 ハタハタは内臓のみを抜く。塩水に1時間浸けたのち、串を通して室内に1日干す。干すと適度に水分が抜け、南蛮地に漬け込んでも形がくずれにくくなる。

2 ハタハタを170℃の揚げ油でじっくりと時間をかけて素揚げにする。揚げ時間は大きさによって加減すること。頭まで食べられるように揚げる。南蛮地に浸けると少しかたくなるので、しっかり揚げておく。

3 長ネギは食べやすくぶつ切りにして、ゴマ油をひいたフライパンで焼き色をつける。

4 あらかじめ南蛮地を用意しておく。材料をすべて合わせて火にかけ、煮立たせたのち常温まで冷ましておく。ハタハタと長ネギが熱いうちに、南蛮地に浸けて1日おく。

5 冷やした器にハタハタと長ネギを盛り合わせ、万能ネギを添え、七味唐辛子をふる。

蛤の土佐揚げ

根津たけもと

土佐揚げは削り節を衣にして揚げるのが定番だが、削り節を主張させたくないので、揚げ上がりにマグロの糸削りをまぶしてアレンジ。菜ノ花の少しこげた香りもまたよい。

温度時間：ハマグリは180℃で3〜4分間。菜ノ花は180℃で数十秒間
イメージ：ハマグリは水分が抜けないよう、菜ノ花より濃いめの衣でコーティングして高温で揚げ、余熱で火を入れる。菜ノ花は薄衣をつけて高温でツボミや葉の先をうっすらとこがす。

ハマグリ
薄力粉、天ぷら衣(薄力粉、卵、水)
菜ノ花、薄衣(薄力粉、卵、水)
揚げ油、塩
マグロ糸削り、木ノ芽

1 ハマグリは殻をはずして水気をふき、薄力粉をまぶしたのち、天ぷら衣をつける。殻は盛りつけに使うのできれいに洗っておく。
2 180℃の揚げ油に入れ、時折返しながら3〜4分間揚げる。ハマグリの大きさに合わせて、適宜時間は調節する。水分が抜ける泡の音が静かになってきたら取り出して、余熱で火を入れる。
3 菜ノ花は葉先を少しこうばしくこがしたいので、薄衣にくぐらせ、180℃の油で短時間で揚げる。
4 2と3にマグロ糸削りをまぶし、塩を少量ふる。削り節の旨みが強くならないよう、分量は控えめに。殻に盛りつけ、たたき木ノ芽を散らす。

蛤道明寺揚　磯香あん掛

分とく山

大ぶりなハマグリに道明寺粉をまぶした変わり揚げ。生海苔で香りをつけたあんがハマグリの旨みを引き立てる。

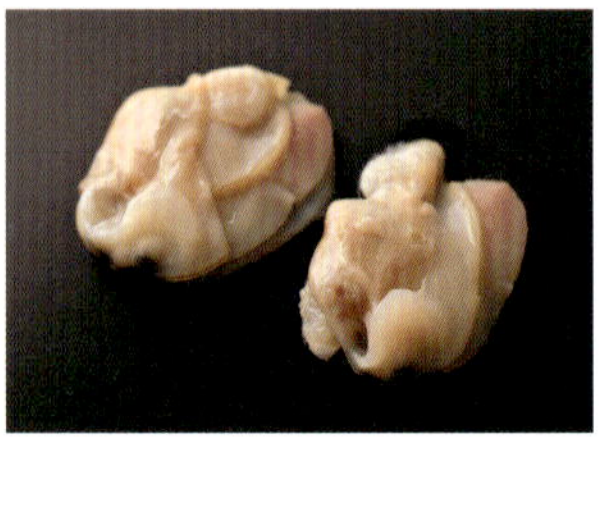

鱧とシャインマスカットと梅干 二種揚げ

おぐら家

淡白で水分の多いハモを揚げると、ふっくらした身を保ちつつ油のコクを補うことができる。中のブドウは皮つきのまま巻いているので果汁が流れない。

鱧の薄衣揚げ 玉ネギポン酢

蓮

ハモはおろして骨切りをしたのち、3日間ねかせて旨みを出してから揚げる。刺身でも食べられるので、火を入れすぎないことが大事。

蛤道明寺揚 磯香あん掛

分とく山

温度時間：170℃で1～2分間、最後は180℃
イメージ：ハマグリには火を完全に通すが、入れすぎてジュースを失わないよう衣の中に閉じ込める。余熱を利用。
ハマグリ（50～60gサイズ）
塩水（塩分濃度2％）
薄力粉、卵白、道明寺粉、揚げ油
磯香あん
だし…60cc
淡口醤油…2.5cc
塩…1つまみ
片栗粉…適量
生海苔…10g

1 ハマグリは2％濃度の塩水に3～4時間浸けて砂抜きしたのち、真水で洗って殻から身を取り出す。殻は盛りつけに使用するので、きれいに洗って熱湯で煮沸しておく。
2 むき身を1％濃度の塩水（分量外）で洗って水気をふく。薄力粉をまぶし、溶きほぐして目切りした卵白にくぐらせて道明寺粉をしっかりつける。
3 揚げ油を170℃に熱して2を入れて1～2分間揚げ、最後は少し温度を上げてカラリと油をきる。
4 磯香あんをつくる。鍋にだし、淡口醤油、塩を入れて火にかけ、温まったら水溶き片栗粉でとろみをつけ、生海苔を混ぜて仕上げる。
5 器に殻をのせ、道明寺揚げを盛り、上から磯香あんをかける。

鱧とシャインマスカットと梅干 二種揚げ

おぐら家

温度時間：160℃で2分間、最後は180℃
イメージ：ハモにゆっくり火を通してふっくらと揚げる。中のマスカットと梅肉はほんのり温める程度。

ハモ、塩、大葉
マスカット、梅肉
薄力粉、天ぷら衣（薄力粉、卵黄、水）、揚げ油
塩

1 ハモは三枚におろして塩をふり、20分間おいて水気をほどよく抜いて旨みを引き出す。
2 ハモは骨切りをして5cmに切り落とす。皮側を上に向けて大葉を敷き、マスカットを2粒のせる。包むようにして端から巻いていく。端を楊枝で留める。
3 もう1枚も同様にしてハモに大葉を敷き、梅肉をのせて巻く。端に楊枝を刺して留める。
4 2と3に刷毛で薄力粉をまぶし、天ぷら衣にくぐらせて、160℃の揚げ油でハモにゆっくり火を通す。
5 楊枝を抜いて塩をふり、端を切り落として半分に切り分ける。切り口が見えるように盛りつける。

鱧の薄衣揚げ 玉ネギポン酢

蓮

温度時間：170℃で1分間
イメージ：余熱でちょうどハモに火が入るように半生で取り出し、ふっくらと仕上げる。

ハモ
薄力粉、薄衣（薄力粉3：コーンスターチ1：炭酸水1.5）、揚げ油
玉ネギポン酢（玉ネギ50g、水20cc、濃口醤油30cc、ポン酢20cc）
溶き芥子

1 ハモは腹開きにして骨切りをする。ペーパータオルで包んで、3日間冷蔵庫でねかせておく。

2 ハモを取り出し、2.5cmに切り落とし、薄力粉をまぶして薄衣にくぐらせ、170℃の揚げ油で1分間ほど揚げる。取り出して余熱で火を入れる。

3 玉ネギポン酢を用意しておく。玉ネギは皮つきのまま蒸したのち皮をむき、そのほかの材料とともにミキサーにかけておく。玉ネギは蒸すと味が柔らかくなり甘みが出る。

4 ハモを盛り、玉ネギポン酢と溶き芥子を添える。

揚げ出し白子

久丹

豆腐のかわりにフグの白子を揚げ出しに。
年が明けて大きくなった白子は
塩をふってあぶるのが定番だが、
揚げてもまた美味。

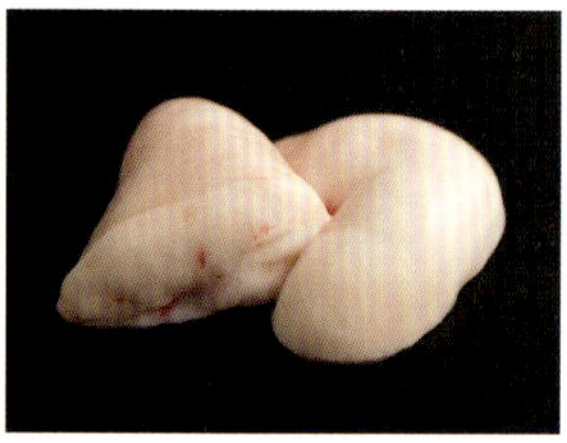

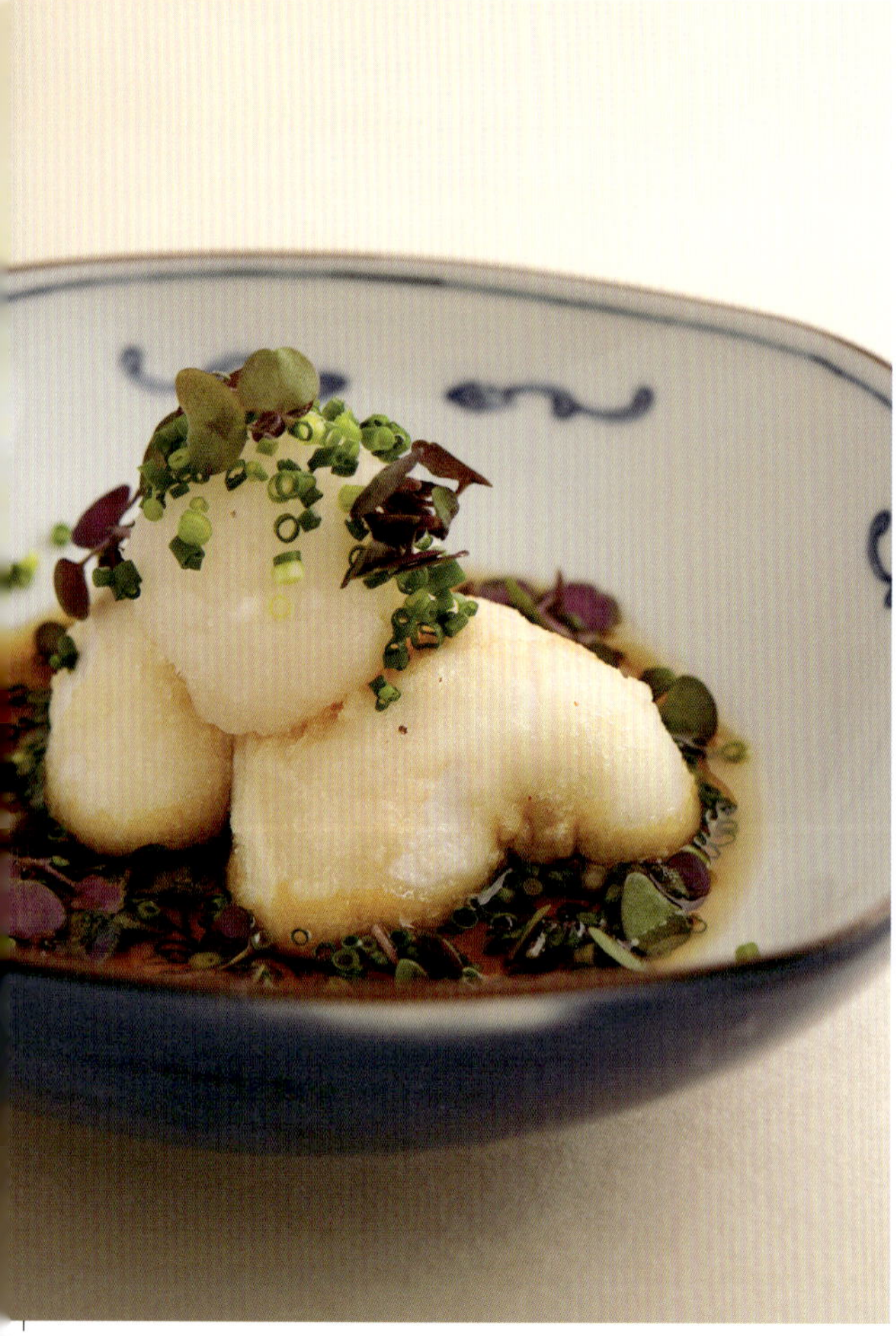

河豚の唐揚げ

蓮

フグは分厚く切って
ボリューム感を出すと旨い。
衣は薄くしてサクッと軽く仕上げる。

鰤カツ

ゆき椿

脂がのったブリでつくる鰤カツ。
刺身用ブリは表面のみに火を入れ、
中心はレアで。
ダイコンは炊いてからすりおろし、
優しい甘みを添える。

河豚の唐揚げ

蓮

温度時間：170℃で3分間。最後は180℃
イメージ：フグは火を通しすぎずジューシーに。

フグ（上身骨つき）、塩
浸け地（だし1：濃口醤油1）
薄力粉、薄衣（薄力粉3：コーンスターチ1：炭酸水1.5）、揚げ油
スダチ

1 フグは厚さ3㎝ほどのぶつ切りにする。ある程度厚みがあるほうが旨い。薄塩をあてて30分間ほどおく。
2 浸け地を合わせ、1のフグを1分間ほど浸ける。
3 地をきり、薄力粉をまぶし、薄衣にくぐらせて、170℃に熱した揚げ油に入れる。途中で裏返し、最後は180℃の高温にして衣をサクッとさせる。
4 フグを盛り、スダチを添える。

揚げ出し白子

久丹

温度時間：180℃で3分間、最後は温度を上げる
イメージ：天ぷら衣の中でグツグツ白子を温め、クリーミーに仕上げるイメージで。衣に色づけないように。

フグ白子
薄力粉、薄めの天ぷら衣（薄力粉、水）、揚げ油
揚げだし地（だし5.5：濃口醤油1：ミリン0.8）
聖護院カブ
鴨頭ネギ、紫芽

1 白子を1切れ30gに切り分ける。薄力粉をまぶし、薄めの天ぷら衣にくぐらせて180℃の揚げ油に入れる。衣に揚げ色がつかないように時折裏返し、取り出して油をきる。
2 揚げだし地を合わせて火にかける。甘みのある聖護院カブをすりおろし、軽く水気をきって、熱い地に入れてサッと温める。
3 揚げたての白子を盛り、2をかけて、鴨頭ネギと紫芽を添える。

鰤カツ

ゆき椿

温度時間：160℃で2分間
イメージ：高温で衣をカリッとさせる。

ブリ（刺身用）、塩
薄力粉、溶き卵、生パン粉、揚げ油
煮ダイコンおろし
……ダイコン
……煮汁（だし6：日本酒1：ミリン1：淡口醤油1）

1 ブリはさく取りし（100g程度）、塩をふる。

2 ブリに薄力粉をまぶし、溶き卵にくぐらせて、生パン粉をしっかりとつける。

3 160℃に熱した揚げ油で衣にカリッと火を通す。こうばしい揚げ色がついたらすぐ取り出す。余熱でブリを温める。

4 揚げる前に煮ダイコンおろしを用意しておく。ダイコンを下ゆでしたのち、だしをきかせた煮汁で煮含める。そのまま冷まし、ダイコンのみをミキサーにかけて水気を軽くきる。

5 3のカツを切り分け、煮ダイコンおろしを添える。

帆立飛龍頭 天つゆ

分とく山

飛龍頭の種は30分間ほど時間をかけて揚げると、しっとりとろりとした口当たりとなる。中まで火が通っているので、煮るなどの調理を重ねずに、揚げたてを提供できる。

温度時間：130～140℃で30分間、最後は160℃
イメージ：種の水分を少しずつ抜くように低温の油でじっくり火を入れる。

飛龍頭の種（つくりやすい分量）
ホタテ貝柱…6個（150g）
木綿豆腐…1丁（400g）
キクラゲ（戻してせん切り）…20g
ニンジン（せん切り）…20g
A（すりおろしたヤマイモ大さじ2、薄力粉大さじ2、卵1／2個、砂糖大さじ2、淡口醤油5cc）

揚げ油
天つゆ*、ダイコンおろし、おろしショウガ
*だし240cc、淡口醤油30cc、ミリン30cc、カツオ節3gを合わせて火にかける。沸いたらザル漉しする。

1 飛龍頭の種をつくる。木綿豆腐は重しをして水をきり、細目で裏漉しする。キクラゲとニンジンは熱湯でサッとゆでてザルにとり、吸い地加減に味をつけただし（分量外）で5分間煮含めてそのまま冷ます。

2 ホタテ貝柱はかたい部分をはずし、塩分濃度1％の塩水（分量外）で洗って水気をふく。包丁でたたき、すり鉢でする。1の豆腐を入れてさらにする。

3 Aの材料を2に加えて混ぜ合わせる。最後に1のキクラゲとニンジンの水気をきって混ぜ合わせる。

4 手に油を薄く塗り、1個30gを取り分けて丸め、130～140℃の揚げ油に落とす。天地を返しながら、キツネ色になるまで30分間ほどかけて揚げる。仕上げに油の温度を160℃に上げて油をきる。

5 器に盛り、天つゆとダイコンおろし、おろしショウガを添える。

帆立馬鈴薯桜揚

分とく山

しっとり蒸したジャガイモをホタテ貝柱で挟み、
桜葉を巻いて天ぷら衣をつけて揚げた。
中から桜葉塩漬けの香りが柔らかく立つ春らしい一品。

温度時間：１８０℃で1分間
イメージ：ジャガイモには火が入っているので温まればよい。ホタテに火を入れることをイメージする。余熱を考慮し、半生にとどめる。

ホタテ貝柱
ジャガイモ（メークイン）
桜葉塩漬け
薄力粉、天ぷら衣（薄力粉60g、卵黄1個分、水１００cc）、揚げ油
塩
ショウガ

1　ホタテ貝柱を殻から取り出す。１％濃度の塩水（分量外）で洗って水気をふいて横半分のへぎ切りにする。
2　ジャガイモは天地を切り落として皮をむいて円柱の形に整え、８㎜厚さの輪切りにする。蒸し器で８〜10分間ほど蒸す。
3　桜葉塩漬けはたっぷりの水に浸けて塩抜きをして水気をふき取る。軸を除いて半分に切る。
4　2のジャガイモを1のホタテ貝柱で挟み、3の桜葉で巻き留める。薄力粉を刷毛でまぶし、天ぷら衣にくぐらせて、１８０℃の油で揚げる。油をきって軽く塩をふる。
5　半分に切り分けて盛りつけ、花びらショウガを散らす。

帆立真丈 まりも揚げ 浅蜊のクリームソース

おぐら家

揚げ時間が長くなると、まわりにまぶした大葉がこげるので、しんじょは小さめに丸めるのがコツ。貝類から旨みをとったソースを添えて。

温度時間：160℃で3分間、最後は180℃
イメージ：大葉がこげないように160℃でしんじょに火を通す。

帆立しんじょ（つくりやすい分量）
ホタテ貝柱…10個
すり身…500g
玉子の素*…2個分
大葉（せん切り）、揚げ油

浅蜊のクリームソース（つくりやすい分量）
アサリ…500g
白ワイン…100cc
バター…10g
薄力粉…大さじ1
だし…300cc
豆乳…500cc

*卵黄2個分をボウルに入れて泡立て器ですり混ぜ、サラダ油180gを少量ずつ加えてマヨネーズ状にする。

1 ホタテ貝柱を大きめに切る。すり身と玉子の素をフードプロセッサーにかけたのち、ホタテ貝柱を混ぜてしんじょをつくる。

2 浅蜊のクリームソースを用意する。アサリは塩水（分量外）に浸けて砂抜きをし、よく洗う。アサリと白ワインを広口の鍋に入れて蓋をし、中火で蒸す。開いたら殻をはずして身を戻す。ここにバターを入れて火を止め、薄力粉を入れて蒸し汁になじむように混ぜ合わせる。なじんだらだしと豆乳を加えて弱火で練ってソースとする。

3 1のしんじょ60gを丸め、大葉をまぶす。160℃の揚げ油で揚げる。

4 2のソースを流し、3を盛りつける。

帆立と百合根のかき揚げ

ゆき椿

コロコロに切ったホタテ貝柱と大葉ユリネ。
甘みのある素材同士を合わせてかき揚げに。
ばらけないよう、ややかために溶いた天ぷら衣をつける。

温度時間：140℃で3分間、最後は160℃
イメージ：やや低温の油でユリネの水分をゆっくり抜いて、ホクホクした甘みを出す。最後はホタテのこうばしさを出すために高温で。

ホタテ貝柱…2個
大葉ユリネ…70g
薄力粉、天ぷら衣（薄力粉、卵、水）、揚げ油
天つゆムース（つくりやすい分量）
……だし…360cc
……日本酒・ミリン・淡口醤油…各45cc
……粉ゼラチン…10g
塩

1　ホタテ貝柱と大葉ユリネは掃除をして大きめに切ってボウルに入れる。ホタテとユリネに薄力粉をまぶし、やや濃いめに溶いた天ぷら衣を入れて混ぜ、140℃の揚げ油で揚げる。
2　最後は温度を上げて、ホタテをこうばしく揚げる。
3　天つゆムースをつくる。粉ゼラチン以外の材料を合わせて沸かす。沸いたら火を止めて、水で戻した粉ゼラチンを加えて溶かす。
4　3をボウルに移し、まわりに氷水をあてて泡立て器で攪拌しながら冷やすと泡立ちながら固まってくる。これを密封容器に移して冷やし固める。
5　かき揚げを盛り、切り出した天つゆムースと塩を添える。

蛍烏賊のフリット、サラダ仕立て

根津たけもと

フリッター衣にしっかり火を入れれば、水分のある材料でも衣をカリカリに保つことができる。サラダなどに加える場合に最適な揚げ衣。

温度時間：170℃で4～5分間
イメージ：衣にカリッと火を入れる。

ホタルイカ（ボイル）
グリーンアスパラガス（乱切り）
フリッター衣（薄力粉100g、炭酸水100cc）
トマト、新ジャガイモ、タケノコ（アク抜き済）
エンドウマメ、八方地（だし8：ミリン1：淡口醤油0.2、水塩少量）
玉ネギドレッシング＊
黒コショウ、木ノ芽
＊玉ネギをすりおろし、ポン酢を加えて塩で味を調え、ゴマ油をたらす。

1 トマトは皮を湯むきする。新ジャガイモは塩ゆでする。ともに食べやすく切りそろえる。タケノコはゆでて食べやすく切る。

2 エンドウマメはゆでたのち、八方地に浸けておく。

3 フリッター衣を準備する。薄力粉をボウルに入れて炭酸水で溶く。少し時間をおくと衣が落ち着いてくる（すぐに使うと、衣がふわふわに揚げ上がる）。

4 ホタルイカは口と目を取り除いて水気をふく。ホタルイカとアスパラガスはフリッター衣をつけて、170℃の揚げ油で4～5分間揚げる。アスパラガスの穂先はこげやすいので根元近くの部分が適している。

5 油をきり、1～2の野菜と合わせて、玉ネギドレッシングで和える。盛りつけて黒コショウをふって木ノ芽を散らす。

筍ご飯 揚げ蛍烏賊

西麻布 大竹

筍ご飯のアレンジ版。目先を変えてコクをつけたホタルイカと三ッ葉のかき揚げを添えて。カリッとした食感が持ち味なので、よそうときも混ぜずにご飯の上にのせて提供。

温度時間：175℃で2分間
イメージ：ホタルイカから水分をほどよく抜く感じで。

ホタルイカ（ボイル）…8杯
三ツ葉の葉（ざく切り）…10g
薄力粉、薄衣（薄力粉、卵黄、水）、揚げ油

筍ご飯
洗米した米…300g
タケノコ（アク抜き済）…100g
炊き地（一番だし250cc、淡口醤油15cc、ミリン15cc）

1 研いで水気をきった米を土鍋に入れて、合わせた炊き地を注ぎ、薄切りにしたタケノコを入れて蓋をし、強火にかける。沸騰したら弱火で10分間炊いて火を止め、そのまま10分間蒸らす。

2 ホタルイカと三ッ葉をボウルに入れて薄力粉をまぶす。ここに薄衣を少量ずつたらしてさっくりと混ぜる。

3 175℃に熱した揚げ油に**2**の種を落とす。ホタルイカから少し水分を抜くような感じで揚げる。

4 ご飯が炊き上がったら揚げたかき揚げをのせる。茶碗によそい、混ぜて食べるようすすめる。

◎揚げ衣いろいろ

種に合わせて衣を変えると食感に変化がついて楽しいもの。比較的カリッとかための衣になるので、中の種をしっかりガードしてくれる。投入時、揚げ油が高温だと衣が散るので注意が必要。

おかき粉。柿の種をフードプロセッサーで細かく砕いたもの。揚げ色がつきやすいので注意。

玄米香煎に白ゴマとドライパン粉を合わせてフードプロセッサーにかけて細かく砕いたもの。カリッとこうばしく揚がる。

塩味の煎餅を細かく砕いたもの。

ピンクの新挽粉とドライパン粉を7対3の割で合わせてフードプロセッサーにかけたもの。新挽粉の色を生かすため、揚げ色は濃くしない。

葱衣。すりつぶしたワケギの色は揚げたあとも鮮やかに残る。

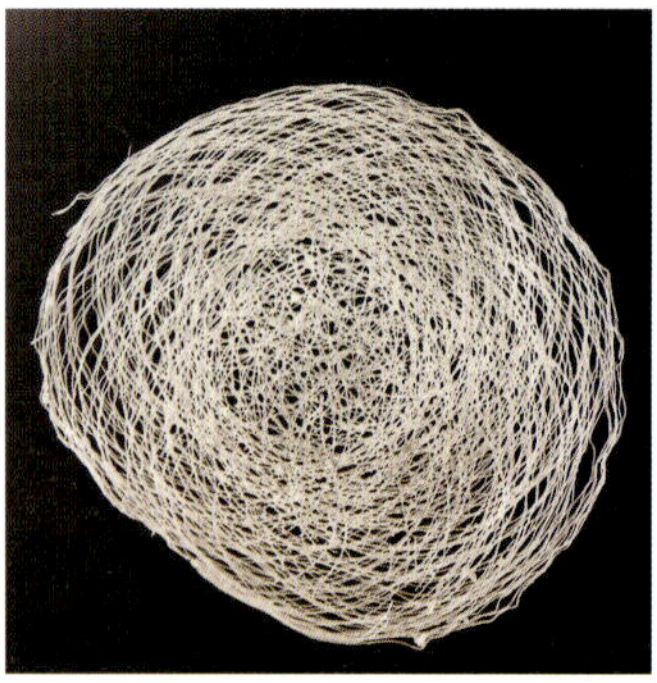

ネットライスペーパー。揚げると食感がよく、レースのような透明感が美しい。中が見えるので、色鮮やかなデザートなどにも利用できる。ネットライスペーパーは熱した油の中で、形を変えることもできる。

第二章
野菜の揚げ物

海老芋のお椀

蓮

味を煮含めたエビイモは、浅めに揚げたのち、炭火にあてるとこうばしさがつくだけでなく、油がきれいにきれる。白味噌で風味をつけたエビイモのすり流しとともに。

温度時間：170℃で3分間
イメージ：イモの中心まで熱くなるように中温でじっくり。

エビイモ
煮汁（だし500cc、淡口醤油100cc、ミリン50cc、砂糖100g）
薄力粉、揚げ油
すり流し
エビイモペースト（エビイモ、一番だし、塩、白味噌）…1
一番だし…1
ユズの皮

1 エビイモは椀の大きさに合わせて大きめに切り、中弱火で40分間蒸す。蒸さずに煮ると、だしがにごってしまう。イモをくずさず煮含めるには蒸しておいたほうがよい。

2 煮汁を合わせて沸かし、1のエビイモをとろ火で15分間煮る。火を止め、だしの中で冷ます。1日おいて味を含ませる。

3 すり流しを用意する。まずエビイモペーストを仕込む。一番だしに塩と白味噌を加えて味を調え、小さく切ったエビイモを20分間ほどゆっくり煮る。ミキサーにかけて濃いめのペースト状にする。ここでは濃くつくっておいて、提供時に同量の一番だしで割る。

4 2のエビイモの汁気をふいて薄力粉をまぶし、170℃の揚げ油で中まで熱くなるように揚げる。

5 4の揚げたエビイモを炭火にあてて油をきり、炭の香りをつけて椀に盛る。

6 すり流しのペーストを一番だしでのばして熱し、椀に注ぐ。上からおろしたユズの皮をふる。

煮穴子棒寿司 かもじ大葉

西麻布 大竹

煮アナゴの棒寿司の上に、かもじに切った大葉を揚げてのせ、食感、香り、いろどりを添えた。香味野菜を揚げて添えるという使い方を紹介。

［温度時間：180℃で30秒間
イメージ：揚げムラを出さない。色重視。］

煮アナゴ
……アナゴ…1本
……煮汁（濃口醤油200cc、ミリン100cc、昆布だし100cc、日本酒100cc）
酢飯
……ご飯…米2合分
……寿司酢*
大葉、揚げ油
*酢50cc、砂糖20g、塩5g、昆布適量を混ぜ合わせる。火は入れず生合せする。

1 煮アナゴをつくる。アナゴは背開きにして皮目に熱湯をかけてヌメリをとる。アナゴを鍋に入れ、煮汁を浸るくらい注いで火にかける。落し蓋をして25分間ほど弱火で煮て、そのまま冷ます。

2 ご飯に寿司酢を合わせて練り、空気を抜いて酢飯を用意する。巻き簾にラップフィルムを敷いて、皮を上に向けて汁気をふいた煮アナゴを並べ、棒状にまとめた酢飯をのせる。

3 巻き簾を使って端から巻いて適度に締める。

4 大葉はごく細いせん切りにして水気をきり、180℃に熱した揚げ油に放ってカラリと揚げ、扇風機などで風をあてて急冷する。

5 3の棒寿司の巻き簾をはずし、ラップフィルムをかけたまま切り出して、ラップをはずす。4の大葉を添える。

大浦ごぼうと牛すじ肉

まめたん

牛スジ肉と一緒に炊いた大浦ゴボウは分厚く切って、こげないように濃いめの天ぷら衣にくぐらせて揚げた。柔らかいゴボウと衣の食感の対比をつけることが肝。

温度時間：170℃で2～3分間
イメージ：ゴボウにカリッとした食感とこうばしさをつける。

大浦ゴボウ
牛スジ肉
煮汁（水10：日本酒1：濃口醤油1：砂糖0.5：ミリン0.5、ショウガ・玉ネギ・長ネギ各適量）、たまり醤油
濃いめの天ぷら衣（薄力粉、卵黄、水）、揚げ油
カマルグの塩、黒七味、芽ネギ

1 大浦ゴボウと牛スジ肉をそれぞれゆでこぼしたのち、たっぷりの煮汁でゴボウと牛スジ肉を一緒に煮る。沸いたら火を弱めて1時間ほど煮込む。もし煮汁が少なくなったら水を足す。

2 1の火を止めて1晩おき、翌日もう一度1時間ほど煮込み、たまり醤油少量を加えて冷ます。

3 ゴボウを2cm長さに切って牛スジの煮込みとともに取り分けて温める。

4 ゴボウを取り出して濃いめの天ぷら衣にくぐらせたのち、指で衣をしごき落として薄くコーティングし、170℃の揚げ油で2～3分間揚げる。

5 4に塩を軽くふって器に盛り、3の牛スジ煮込みをあんのかわりにかけ、黒七味をふる。刻んだ芽ネギを天に盛る。

堀川牛蒡 海老真丈揚げ
堀川牛蒡ソース

おぐら家

大きなものは直径5～6cm、長さ80cm、重さ約1kgにもなる堀川ゴボウは京都の伝統野菜の一つ。この形状から中心に詰め物をすることが多い。しんじょのほか、鶏や鴨のミンチ肉を詰めることも。

温度時間：160℃で3分間
イメージ：低温で時間をかけて海老しんじょまで完全に火を入れる。

堀川ゴボウ、煮汁（だし9：濃口醤油1：ミリン1）
海老しんじょ（つくりやすい分量）
……むきエビ…500g
……すり身…500g
……玉子の素*…200g
卵白、片栗粉、揚げ油
堀川牛蒡ソース（煮含めた堀川ゴボウ、煮汁）

*卵黄3個分をボウルに入れて泡立て器ですり混ぜ、サラダ油180gを少量ずつ加えてマヨネーズ状にする。

1 堀川ゴボウを洗って圧力鍋に入る長さに切って入れ、水と少量の酢（分量外）を加えて20分間ゆでて柔らかくしたのち、水にさらす。

2 煮汁を合わせて、**1**の堀川ゴボウを入れて20分間煮る。そのまま冷まして味を含ませる。ゴボウが冷めたら4～5cm長さに切り、筒抜きなどで中心をくり抜いておく。一部はソースに使用する。

3 海老しんじょをつくる。すり身500g、玉子の素200gを合わせてミキサーにかける。ここに包丁でたたいたむきエビを入れて混ぜる。

4 **2**のゴボウにしんじょを詰める。溶いた卵白にくぐらせて片栗粉をしっかりとまぶし、160℃の揚げ油でしんじょまで火を入れる。

5 堀川牛蒡ソースをつくる。**2**で煮含めた堀川ゴボウは熱いうちにフードプロセッサーにかけて鍋に移し、煮汁を少しずつ戻しながら火にかけて少し練り、適度な濃度に調節する。

6 **4**の切り口をきれいに切りそろえ、食べやすいように縦半分に切る。**5**のソースを敷いてその上に盛りつける。

堀川牛蒡に叩いた鴨肉を詰めて

蓮

堀川ゴボウは蒸したのち甘辛く味を含ませ、中に鴨肉を射込んで旨みを加える。揚げることで表面にカリッとした食感と油のコクをプラス。

温度時間：165℃で4分間、徐々に温度を上げて180℃で2分間
イメージ：低めの温度でじわじわと揚げて、鴨肉にしっかりと火を入れていく。

堀川ゴボウ
煮汁（だし500cc、濃口醤油150cc、ミリン80cc、砂糖60g）
鴨ミンチ（鴨ロース肉、長ネギ、ショウガ汁）
薄力粉、薄衣（薄力粉**3**：コーンスターチ**1**：炭酸水**1.5**）、揚げ油
あん（だし300cc、濃口醤油80cc、ミリン20cc、有馬山椒10g、葛粉適量）
白髪ネギ、黒七味

1 堀川ゴボウは長いまま1時間ほど蒸して柔らかくする。

2 煮汁を合わせて、蒸した堀川ゴボウを15分間ほど煮て甘辛く味を含め、そのまま冷ます。

3 鴨ミンチをつくる。鴨ロース肉は皮をはぎ、肉を粗目に切ってたたく。みじん切りの長ネギとショウガ汁を各適量ずつ混ぜておく。

4 **2**の堀川ゴボウを1.5cm長さの輪切りにし、**3**のミンチを中に詰めて2つを重ねる。薄力粉をまぶし、薄衣にくぐらせて、165℃に熱した揚げ油でゆっくりと揚げて鴨肉に火を通す。最後は温度を上げて油をきる。

5 並行してあんを準備する。だしに濃口醤油、ミリン、たたいた有馬山椒を入れて熱し、水で溶いた葛粉を少しずつ加えて濃いめにとろみをつける。

6 **4**を盛り、**5**のあんをかけ、天に白髪ネギを添え、黒七味をふる。

カリカリ牛蒡 たれ焼き

西麻布 大竹

味を含ませたゴボウは2度揚げ、ものによっては3度揚げして香りよく仕上げ、甘辛いたれをからめた酒肴にぴったりの一品。

温度時間：175℃で5分間、取り出して2分間、再び175℃で5分間
イメージ：こげないよう何度かに分けて揚げて、しっかり脱水する。

ゴボウ
吸い地（一番だし、塩、淡口醤油）
片栗粉、揚げ油
たれ（濃口醤油100cc、ミリン150cc、たまり醤油70cc、日本酒50cc、氷砂糖150g）
一味唐辛子、万能ネギ（小口切り）

1 ゴボウは5cm長さに切って、食べやすく割る。下ゆでしたのち、吸い地で味を煮含める。
2 ゴボウの水気をきり、片栗粉をまぶして、175℃の揚げ油で5分間揚げる。取り出して2分間おいて余熱で火を入れたのち、再度揚げて完全に水分を抜く。カリカリに揚がったら油をきる。
3 たれの材料をフライパンに入れて火にかけて煮詰める。
4 たれにとろみがついたら、2のゴボウを入れてからめ、刻んだ万能ネギ、一味唐辛子を混ぜて盛りつける。

さつま芋チップス

椿山

5種類の揚げたサツマイモを種類別に盛りつけた食べ比べ。塩味を少し強めに効かせるのがポイントだ。写真上から時計回りに安納芋、紅はるか、五郎島金時、シルクスイート、紅あずま。

温度時間：160℃で5分間、最後は170℃
イメージ：低温でイモの水分をゆっくり抜く。こがさないように注意。

サツマイモ（安納芋、紅はるか、五郎島金時、シルクスイート、紅あずま）
揚げ油、塩
キナコ砂糖（キナコ100g、上白糖50g）

1 サツマイモをスライサーで薄切りにして、20分間水にさらして適度にデンプンを抜く。

2 キッチンペーパーで水気をふいたら、160℃の揚げ油でゆっくり水分を抜くように5分間揚げる。最後は温度を上げて油ぎれよく。

3 油から取り出したらすぐに塩をふり、油をきる。

4 キナコと上白糖を上記の割で混ぜ合わせる。

5 器にキナコ砂糖を入れて種類別にサツマイモを立てて盛る。種類がわかるようにネームプレートを添えて提供。

芋けんぴ

ゆき椿

黒コショウとクミンで個性的な香りをつけた芋けんぴは、酒肴に好適。サツマイモの揚げ具合やからめる飴の水分量でけんぴのかたさを変えられるので、好みで調整するとよい。

温度時間：120℃で15〜20分間
イメージ：低温の油でサツマイモを脱水するイメージ。

サツマイモ（紅あずま）…150g
揚げ油
飴（ザラメ糖30g、水20cc、塩0.5g、クミンパウダー3g、黒コショウ1g）

1 サツマイモを5㎜角の棒状に切りそろえる。水に10〜15分間さらして水気をふく。

2 120℃の揚げ油にサツマイモを入れて、15〜20分間かけてゆっくり脱水してカリカリに揚げる。

3 飴を準備する。材料をすべてフライパンに入れて沸かし、2のサツマイモを入れて中火でからめる。水分がなくなったら取り出し、広げて冷ます。

新じゃがいものパリパリサラダ

西麻布 大竹

素揚げにした新ジャガイモをせん切りサラダにトッピングして、油のコクとカリカリとした軽い食感を楽しんでいただく。

とうもろこしと海老真丈花ズッキーニ包み揚げ

おぐら家

ズッキーニの幼果にはすぐに火が入るが、しんじょは時間がかかるので、花をこがさないように注意。しんじょに混ぜるエビは粗く切って食感を残す。

スナップエンドウと海老真薯揚げ蛤と豆のあんかけ

久丹

さわやかな食感のスナップエンドウのサヤで海老しんじょを挟んで揚げ、ハマグリの旨みのきいたエンドウマメのあんをかけた春の一品。

新じゃがいものパリパリサラダ

西麻布 大竹

【**温度時間**：175℃で50秒間、最後は180℃
イメージ：高温の油に散らして色づけないようにサッと。】

新ジャガイモ（せん切り）
揚げ油、塩
せん切りサラダ（ダイコン、ニンジン、大葉、ミョウガ、キュウリ）
醤油ジュレ（つくりやすい分量）
　一番だし…175cc
　淡口醤油…25cc
　ミリン…25cc
　粉ゼラチン…4g

1 醤油ジュレを仕込む。一番だしに淡口醤油、ミリンを加えて火にかけ、水で戻した粉ゼラチンを加えて溶かす。密封容器に移して冷やし固める。固まったら混ぜておく。

2 せん切りサラダの野菜を極細のせん切りにして水に放ってアクを抜いたのち、ザルに上げて水気をきる。

3 せん切りのジャガイモをサッと洗って表面のデンプンを落とし、水気をしっかりふく。175℃の揚げ油に入れて散らし、温度が上がって浮いてきたらすぐに取り出して油をきって塩をふり、冷ます。

4 せん切りサラダを器に盛り、上にジャガイモをたっぷりのせる。まわりに**1**の醤油ジュレを流す。

とうもろこしと海老真丈 花ズッキーニ包み揚げ

おぐら家

【**温度時間**：160℃で3〜4分間
イメージ：しんじょにしっかり火が通るように低めの油でゆっくりと。】

花ズッキーニ
種（トウモロコシ、海老しんじょ＊）
片栗粉、揚げ油
塩

＊むきエビ500gを粗く切る。すり身500gと卵黄3個分の玉子の素＊＊をミキサーでよくすり混ぜ、刻んだエビを混ぜる。
＊＊卵黄3個分をボウルに入れて泡立て器ですり混ぜ、サラダ油180ccを少量ずつ加えてマヨネーズ状にする。

1 種を用意する。海老しんじょに適量の生のトウモロコシ粒を混ぜる。

2 花ズッキーニからメシベを取り除き、内側に刷毛で片栗粉をまぶして**1**の種を40gほど詰める。

3 花ズッキーニのまわりに片栗粉をまぶし、160℃の揚げ油で揚げる。花をこがさないように注意。油をきって器に盛り、塩をふる。

スナップエンドウと海老真薯揚げ 蛤と豆のあんかけ

久丹

温度時間：170℃で3分間
イメージ：中温である程度時間をかけて、中に詰めたしんじょにゆっくり火を入れる。

スナップエンドウ、葛粉
車海老しんじょ（つくりやすい分量）
……クルマエビ…300g
新玉ネギ（みじん切り）…30g
玉子の素*…30g
葛粉…少量
天ぷら衣（薄力粉、水）、揚げ油

豆あん
……エンドウマメ
ハマグリだし（ハマグリ、日本酒1：だし0.5：水2.5）
ブンタンの皮（せん切り）

*卵黄1個分を溶きほぐし、サラダ油40ccを少量ずつたらしながら撹拌してマヨネーズ状に調整する。

1 スナップエンドウはサヤを開いてマメを取り出す。
2 車海老しんじょをつくる。クルマエビは頭と殻をはずし、身をたたく。新玉ネギ、玉子の素、つなぎ程度の葛粉を合わせてさっくりと混ぜる。
3 スナップエンドウのサヤの内側に刷毛で葛粉をまぶし、しんじょを詰めてサヤで挟む。
4 豆あんをつくる。まずハマグリだしを用意する。殻をよく洗ったハマグリに表記の割で合わせた日本酒、だし、水を浸るくらい入れて火にかける。殻が開いたら火を止めてハマグリを一旦取り出して刻む。
5 ハマグリだしを火にかけ、スナップエンドウのマメを入れる。マメに火が入ったら、取り出したハマグリを戻し、円を描くようにだしをかき混ぜながら、少量ずつ水で溶いた葛粉を入れてあんを仕上げる。
6 3のスナップエンドウに天ぷら衣をつけて、中温（170℃程度）に熱した油でじっくり火を入れる。中のしんじょに火が通ったら、取り出して油をきる。
7 器に6を盛り、熱い5のあんをかける。天にせん切りのブンタンの皮を添える。

空豆のチュロス

椿山

突き出しなどに重宝するフィンガーフード。
ブッフェなどのパーティにも利用できる。
チュロスの生地は、絞り出してから一旦冷凍し、
凍ったまま揚げるときれいに揚がる。

そら豆饅頭衣揚げ

蓮

裏漉しして揚げたそら豆饅頭は、炭火であぶると焼餅のようにこうばしい香りが立ってくる。バチコの塩気とソラマメは相性がよく、酒肴に最適。

そら豆のフライ

久丹

淡緑色のソラマメで、淡い赤色の海老しんじょを挟んだ春の揚げ物。パン粉をつけると重くなりがちだが、こうばしさは欲しいので、パン粉をミルで細かく挽いて軽い衣に。

空豆のチュロス

椿山

［温度時間：160℃で5分間
イメージ：フワッと軽く仕上げたいので、表面はカリッとかたくしない。］

ソラマメのピューレ（ソラマメ、塩）…80g
バター…50g
牛乳…30g
水…70g
薄力粉…80g
ソラマメ…適量
揚げ油
粉糖

1 ソラマメのピューレをつくる。ソラマメはサヤをはずして塩ゆでし、一部を裏漉しする。残りは砕いておく。
2 バターを火にかけて溶かし、牛乳と水を混ぜる。混ざったら薄力粉を加えて練り、火を入れる。なめらかになったら、1のピューレ80gを混ぜ合わせて生地をつくる。
3 口金をつけた絞り袋に2の生地を詰める。バットにクッキングシートを敷いて5〜6cm長さに絞り出す。上に砕いた1のマメを散らしてこのまま冷凍する。
4 160℃に熱した揚げ油に凍ったままのチュロスを入れる。うっすらと色づいたら取り出して、一部に粉糖をふる。フワフワ、サクッとした軽さを目指す。
5 生のソラマメとともにチュロスを盛り合わせる。

そら豆饅頭衣揚げ

蓮

［温度時間：180℃で2分間
イメージ：すでに火が通っているので衣のみを揚げて中を温めるイメージ。］

ソラマメ、塩
薄力粉、薄衣（薄力粉3：コーンスターチ1：炭酸水1.5）、揚げ油
バチコ

1 ソラマメはサヤつきのまま、20分間蒸す。
2 取り出してバットに広げたら密封して冷まし、サヤと皮をむいて裏漉しする。かたいときは適量の水でゆるめる。塩を加えて1個35gに丸める。
3 2に刷毛で薄力粉をまぶし、薄衣にくぐらせ、180℃の揚げ油で揚げる。表面がカリッとしたら取り出し、炭火でこんがりとあぶって、こうばしさをつける。
4 あぶったバチコを添える。

そら豆のフライ

久丹

温度時間：ソラマメは160℃で2分間、最後は180℃
エビの頭は160℃で1分間、最後は180℃
イメージ：ソラマメにゆっくり火を入れ、マメから伝わる熱でしんじょに火を入れる。添えたエビの頭はじっくり火を入れて脱水する。

ソラマメ、葛粉
車海老しんじょ（つくりやすい分量）
　クルマエビ…300g
　新玉ネギ（みじん切り）…30g
　玉子の素＊…30g
　葛粉…少量
薄力粉、溶き卵、ドライパン粉（細目）、揚げ油
塩

＊卵黄1個分を溶きほぐし、サラダ油40ccを少量ずつたらしながら撹拌してマヨネーズ状に調整する。

1 車海老しんじょをつくる。クルマエビは頭と殻をはずし、身を包丁でたたく。ここに新玉ネギ、玉子の素、つなぎ程度の葛粉を合わせてさっくりと混ぜる。

2 ソラマメはサヤをはずし、皮をむいて、2つに割る。マメの内側に葛粉を刷毛でつける。

3 1のしんじょを2のソラマメで挟む。まわりに刷毛で薄力粉をまぶし、溶き卵にくぐらせて、パン粉をまぶす。

4 160℃の揚げ油に入れて、ゆっくり加熱し、浮いてきたら180℃に上げて取り出す。

5 クルマエビの頭は水気をふき、160℃の油で揚げ始め、最後は180℃でカリカリの素揚げにする。

6 4をソラマメのサヤに盛りつけ、エビの頭と桜の枝をあしらう。

紅芯大根と青芯大根豚肉巻揚げ

おぐら家

赤と青のダイコンの色合いの美しさを生かした。
まわりにダイコンと相性のよい豚肉を巻いて
旨みとコクを加えて。

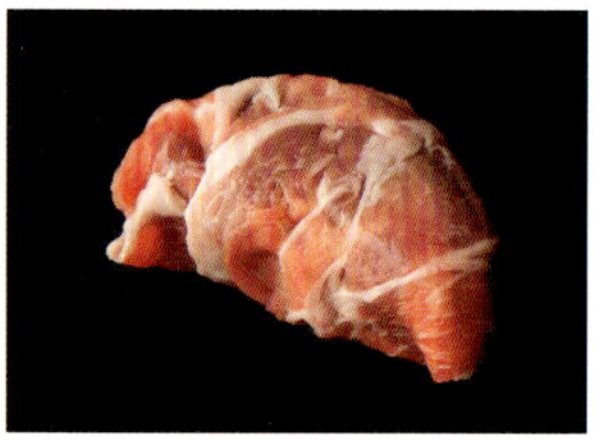

筍白扇揚げ

蓮

タケノコはあらかじめ炭火で焼いて
甘みを凝縮させ、醤油で香りをつけてから揚げる。
タケノコの味を生かすために衣は薄めに。

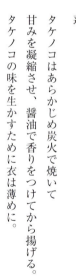

筍の餅粉揚げ 焼きカラスミ

楮山

餅粉をつけてカリッと揚げたタケノコと、あぶったカラスミのこうばしさがよく合う春の一品。タケノコは薄味で煮含めておく。

揚げ筍の木の芽味噌和え

根津たけもと

ほんのり温かい酢味噌和え。揚げたてのタケノコを木ノ芽味噌で和えると味噌にコクがつき、酢の香りと木ノ芽の香りが立つ。

紅芯大根と青芯大根 豚肉巻揚げ

おぐら家

温度時間：170℃で2分間
イメージ：ダイコンの鮮やかな色と食感を生かしたいので、火を入れすぎない。巻いた豚肉で外側をおおってダイコンを蒸すようなイメージ。

紅芯ダイコン
青芯ダイコン
豚肩ロース肉(薄切り)
片栗粉、揚げ油
岩塩

1 紅芯ダイコンと青芯ダイコンを厚めの角切り(縦4.5cm×横3cm×厚さ3cm)にする。
2 薄切りの豚肩ロース肉でダイコンを包む。
3 刷毛で片栗粉をまぶし、170℃の揚げ油で揚げる。肉で包んだダイコンを蒸すようなイメージで揚げる。
4 取り出して端を切りそろえて盛りつける。岩塩を添える。

筍白扇揚げ

蓮

温度時間：170℃で3分間
イメージ：タケノコは温まっているので、短時間でサッと衣に火を通す。

タケノコ(アク抜き済)
だし醤油(だし1：濃口醤油1)
薄力粉、白扇衣(水1：片栗粉1)、揚げ油
白玉味噌*、木ノ芽
*白味噌500g、卵黄4個分、日本酒45cc、ミリン45cc、砂糖110gをよく混ぜ合わせて火にかけてゆっくりと練る。

1 タケノコは穂先をくし形に切る。串を打って炭火で焼く。途中でだし醤油を1回塗る。
2 1のタケノコに薄力粉をまぶし、白扇衣にくぐらせて、170℃の揚げ油でサッと揚げる。
3 あぶったタケノコの皮に盛りつけ、木ノ芽を散らす。白玉味噌を適量添える。

筍の餅粉揚げ 焼きカラスミ

椿山

温度時間：180℃で2分間
イメージ：高温の油で一気に揚げて、タケノコのジューシーさを保ちつつ表面はカリッとさせる。

タケノコ（アク抜き済）
煮汁（だし10：淡口醤油1：ミリン1、塩少量）
餅粉、揚げ油
カラスミ
…ボラの卵巣、塩水、塩
…浸け地（日本酒2.5リットル、米焼酎1リットル、淡口醤油300g、ミリン50g、カツオ節30g、昆布1枚）
ホワイトアスパラガス、塩、サラダ油
木ノ芽

1 タケノコはくし形切りにして、合わせた煮汁で煮る。沸いてから弱火で10分間程度煮たのち、密封容器に移して氷水にあてて急冷する。

2 タケノコの水気をふいて餅粉をまぶし、180℃の揚げ油で表面をカリッと揚げる。

3 ホワイトアスパラガスは塩ゆでし、サラダ油をひいたフライパンでソテーする。最後に塩をふって味をつける。

4 タケノコとバーナーであぶったカラスミ、ホワイトアスパラガスを盛り合わせ、木ノ芽を散らす。

5 カラスミの仕込みは以下のとおり。ボラの卵巣を水に浸けて血抜きをする。次に海水程度の塩水に3時間浸けたのち水気をきり、べた塩に6時間あてる。

6 浸け地の調味料を合わせ、リードペーパーに包んだカツオ節、昆布を入れる。塩を洗った卵巣を浸け地に1日浸ける。取り出して2〜3日間風干しし、半生状態で真空にして冷凍保存する。使用時は冷蔵庫解凍。

揚げ筍の木の芽味噌和え

根津たけもと

温度時間：170℃で2〜3分間
イメージ：タケノコにこうばしさをつけ、うっすらと表面を色づける。

タケノコ（アク抜き済）、濃口醤油
片栗粉、揚げ油
木ノ芽味噌（白玉味噌*8：酢1、木ノ芽適量、溶き芥子少量）
*白玉味噌100g、卵黄1個分、砂糖15g、ミリン15cc、日本酒100ccを合わせてよく混ぜ、火にかけて練る。

1 タケノコは穂先のほうをくし形に切りそろえる。ボウルに入れて、濃口醤油を少量たらしてまぶす。醤油を加えるとおいしそうな濃い色に揚がる。

2 片栗粉をまぶし、少量の水を吹きつけて、170℃の油で揚げる。水を吹きつけると衣がしっかりつく。

3 木ノ芽味噌をつくる。刻んだ木ノ芽をボウルに入れて、白玉味噌、酢、溶き芥子（好みの辛さに）を加えて混ぜる。

4 タケノコが香りよく色づいたら取り出して油をきり、熱いうちに木ノ芽味噌で和える。

揚げ筍若芽あん

久丹

朝どりのタケノコの本来の味と香りをそのまま閉じ込めて揚げ、銀あんベースの若芽あんにくぐらせて、油のコクをつけた。

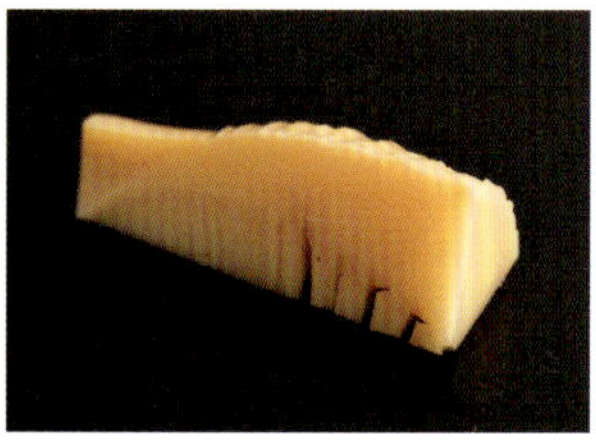

新玉葱の炭焼き

蓮

新玉ネギが出回る季節の一品。新玉ネギは蒸すとさっぱりするが、揚げると甘みと旨みが凝縮され、糖分がこげて香りがつく。仕上げはだし醤油を塗って炭火でこうばしく。

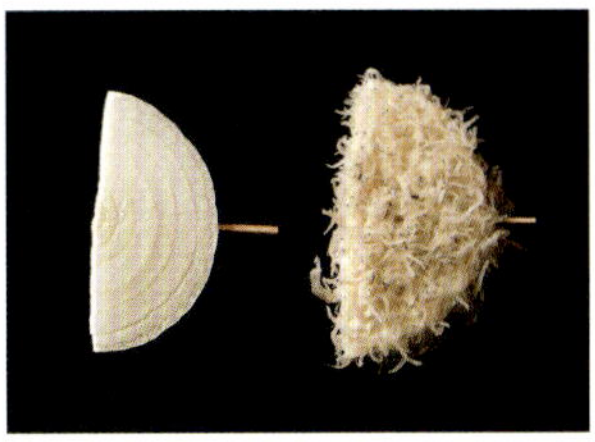

新玉葱縮緬揚

分とく山

新玉ネギにジャコをたっぷりとまぶして揚げた人気の一品。大きなジャコは食べにくいので、小さなチリメンジャコを選んで食感よく揚げる。

揚げ葉玉葱と毛蟹の鮪節和え

まめたん

油と相性のよい春の葉玉ネギにケガニを合わせた酒肴。揚げた葉タマネギは油っぽくなりがちなので、オーブンで焼いて油を落とした。葉玉ネギの甘みを、だし醤油が引き立てる。

揚げ筍若芽あん

久丹

温度時間：180℃で2分間
イメージ：一旦火は入っているので、タケノコの中まで熱くするのみ。比較的高温で表面をカリッと。

タケノコ（朝どり）
煮汁（だし10〜12：淡口醤油1：ミリン1）
揚げ油
若芽あん（生ワカメ、だし、塩、淡口醤油、葛粉）
木ノ芽

1 タケノコは皮をむく。合わせた煮汁に丸のまま入れて沸かす。沸いたら火を弱めて4〜5分間コトコトと煮て鍋の中で冷ます。
2 若芽あんをつくる。生ワカメはサッと熱湯でゆがいておく。
3 だしに塩と淡口醤油で濃いめの吸い地程度の味をつける。沸いたら水で溶いた葛粉を少しずつ加えながらとろみをつけて銀あんをつくる。
4 タケノコをくし形に切って水気をきり、180℃の油でこうばしくカリッと揚げる。
5 2のワカメを3の銀あんに入れて温め、揚げたてのタケノコをサッとくぐらせて盛りつけ、上から若芽あんをかける。

新玉葱の炭焼き

蓮

温度時間：160℃で3分間
イメージ：じっくり加熱し、玉ネギ全体から適度に水分を抜いて甘みを凝縮させる。トロトロにはしない。

新玉ネギ
揚げ油
だし醤油（だし1：濃口醤油1）

1 新玉ネギは表皮1枚を残して4等分のくし形に切る。ばらけないように楊枝で留めて、160℃の揚げ油で3分間素揚げする。高温にすると玉ネギが開いてばらけやすくなるので注意。
2 取り出して油をきり、余熱で火を入れる。
3 串を打ち、だし醤油を2〜3回塗りながら炭火であぶる。最後は高温で焼いて、油分を落とす。
4 串を抜いて、皮つきで盛りつける。

新玉葱縮緬揚

分とく山

温度時間：160℃で1分半、最後170℃で30秒間
イメージ：高温にすると衣のジャコが散ってしまう。最初は低めの油で揚げて玉ネギの甘さを引き出す。

新玉ネギ
薄力粉、バッター（薄力粉60g、水60cc）
チリメンジャコ
揚げ油

1 新玉ネギは1.5cm厚さの半月切りにする。ばらけないように楊枝を刺して留める。玉ネギは切ってから時間をおくと反ってしまうので、提供直前に切るとよい。

2 玉ネギに刷毛で薄力粉をまぶし、バッターをつける。パン粉をまぶす要領で、バットに広げたチリメンジャコをしっかりと押すように隙間なくつける。

3 160℃の揚げ油で1分半揚げ、玉ネギに火を入れたのち、170℃に油温を上げてカリッと仕上げる。

4 取り出して油をきり、食べやすく切って器に盛る。ジャコに塩分があるため、塩はふらなくてよい。

揚げ葉玉葱と毛蟹の鮪節和え

まめたん

温度時間：150℃で5分間、180℃に油温が上がったら葉を入れてサッと。取り出して200℃のオーブンに5分間
イメージ：軸部分は低温でじっくり揚げてとろりとさせて甘みを出す。葉の部分は高温短時間で。

葉玉ネギ、揚げ油
ケガニ、昆布、日本酒、塩
マグロ糸削り、だし醤油*
マグロ糸削り

*濃口醤油にカツオ節、昆布、日本酒を加えたもの。

1 ケガニの脚を昆布を敷いたバットに並べ、日本酒、塩をふって1～2分間蒸して殻をむく。焼いてもよい。

2 葉玉ネギは軸と葉を切り分ける。軸の部分は150℃の揚げ油で甘みが出るようにじっくりと揚げる。油温が180℃まで上がったら、葉を入れてサッと火を入れる。

3 軸と葉を取り出して油をきる。葉の部分は油がきれにくいので、200℃のオーブンに5分間入れて油を落としつつカリッとした食感をつける。サラマンダーでも可。

4 葉玉ネギをだし醤油とマグロ糸削りで和え、身をほぐしたケガニと交互に重ねて盛りつける。天にマグロ糸削りを盛る。

とうもろこしのスパイス炒め

ゆき椿

和食ではなじみが薄いが、盛夏には刺激のあるスパイス類がビールやスパークリングワインによく合う。手で食べていただく人気のフィンガーフード。

温度時間：150℃で2～3分間
イメージ：トウモロコシの粒を油でゆでる感じ。中華の油通しに近い感覚。

トウモロコシ
揚げ油
スパイス&ハーブ（ホワジャオ、赤唐辛子、みじん切りのパクチー、みじん切りの長ネギ、煎りゴマ）
塩

1 トウモロコシを4等分に割って、さらに食べやすく3等分の長さに切り、150℃の揚げ油で素揚げにする。ゆっくり粒に火を入れたのち油をきる。

2 フライパンに油をひき、ホワジャオ（花椒）、赤唐辛子を入れて火にかけ、香りが出たら刻んだパクチーと長ネギ、煎りゴマ、1のトウモロコシを入れて塩をふる。

3 炒め合わせて味をからめ、器に盛る。

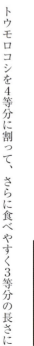

玉蜀黍饅頭照り焼きと黒むつの塩焼き

西麻布 大竹

こうばしく醤油で焼いたトウモロコシをイメージした一品。揚げたトウモロコシ饅頭は醤油ベースのたれ焼きに。揚げると表面にたれがしみやすく味がのる。上にのせたクロムツの塩焼きとの間にラッキョウの酢漬けを挟み、酸味でさっぱりと。

温度時間：160℃で4〜5分間
イメージ：饅頭の表面をカリッと揚げる。

玉蜀黍饅頭（つくりやすい分量）
……………………………
トウモロコシ…1本
葛粉…45g
一番だし…30cc
……………………………
淡口醤油・塩・砂糖…各少量
片栗粉、揚げ油
たれ（濃口醤油50cc、日本酒50cc、ミリン100cc、氷砂糖20g、たまり醤油20cc）
クロムツ（切り身）、塩
ラッキョウの酢漬け（薄い輪切り）
万能ネギ（小口切り）、七味唐辛子

1 玉蜀黍饅頭をつくる。トウモロコシの粒をミキサーにかけて鍋に移し、葛粉、一番だしを混ぜて火にかける。沸いたら弱火にして木ベラで練る。重たくなってきたら塩、淡口醤油、砂糖で薄く下味をつける。冷めたら1個30gほどに丸める。

2 クロムツは塩をふって塩焼きにする。

3 1の玉蜀黍饅頭に刷毛で片栗粉をまぶして、160℃の揚げ油でじっくりと揚げる。玉蜀黍饅頭の油をきり、串を打ってたれを2回ほど塗って、照り焼きにする。

4 玉蜀黍饅頭を器に盛り、ラッキョウの酢漬けを挟んで、上にクロムツの塩焼きをのせる。天に万能ネギを盛り、七味唐辛子をふる。

翡翠茄子二身揚

分とく山

色鮮やかな翡翠ナスと真っ白いすり身を重ねて揚げた二身揚げ。ふっくらとすり身に火を入れて柔らかく仕上げる。

［**温度時間：170℃で1～1分半**
イメージ：ナスとすり身の水分をなるべく抜かないように揚げる。］

長ナス…1本
すり身…200g
玉子の素＊…40g
薄力粉、天ぷら衣（薄力粉60g、水100g）、揚げ油
塩

＊卵黄1個分を泡立て器で溶きほぐし、サラダ油120ccを少量ずつ加えてすり混ぜて、マヨネーズ状にする。

1　翡翠ナスをつくる。長ナスは天地を切り落として縦半分に切り、180℃の揚げ油で皮側から揚げる。箸でつまんでへこむくらい柔らかくなったら裏返して断面をサッと揚げて冷水にとり、すぐに皮をむく。

2　ナスが冷めたら水気を絞り、脱水シートに挟んで30分間おいて水気を抜く。

3　すり身をなめらかになるまですり鉢ですり、玉子の素を加えてよくすり混ぜる。2のナスの断面側に刷毛で薄力粉をつけて、すり身を厚く塗ってのばす。

4　3に薄力粉をまぶし、天ぷら衣にくぐらせて、170℃の油で揚げて塩をふる。食べやすく切り分けて盛りつける。

茄子の揚浸しと〆鯖 白胡麻ソース

楮山

素揚げして甘酢に浸けたナスの甘酸っぱさと脂がのった〆鯖の酸味を合わせた。相性のよい酸味と甘み、油分のマッチングを表現。

温度時間：170℃で5分間
イメージ：低温の油でゆっくり加熱して、ナスをとろりとさせる。

小ナス、揚げ油
マリネ液（酢5cc、砂糖大さじ1、塩少量、白コショウ・タイム…各少量）
〆鯖
…サバ、塩、酢、砂糖
イクラ醤油漬け
…スジコ、浸け地（だし1：濃口醤油1：ミリン1）
白胡麻ソース＊
コゴミ、塩
＊白練りゴマ100g、砂糖50g、塩10g、酢30g、だし30gをすり鉢ですり混ぜる。

1 小ナスは斜めに切り目を入れて170℃の揚げ油でゆっくりと揚げる。ナスの粗熱がとれたら、酢、砂糖、塩、白コショウをふり、タイムをのせて、落としラップをかけて、1日冷蔵庫でマリネする。

2 〆鯖をつくる。サバは三枚におろし、べた塩をあてて40分間おいたのち、少量の砂糖を加えた酢に1時間浸ける。これ以上酢が入らないようにサバを取り出して、ラップフィルムに包む。

3 イクラ醤油漬けをつくる。スジコをぬるま湯でほぐし、合わせた浸け地に40分間浸けて地をきり、密封容器で保管する。

4 提供時、イクラの醤油漬けを器に盛り、上に平造りにした〆鯖と1の小ナスを盛る。白胡麻ソースをかけて、塩ゆでしたコゴミを添える。

丸茄子とトマトとチーズ揚げ出し

おぐら家

野菜の火の通し方がポイント。
熱したトマトとナスから水分が出てこない程度にぎりぎりに火を通し、中のチーズはとろりと溶かす。

温度時間：170℃で2分間
イメージ：濃いめの天ぷら衣でコーティングして中のトマトとナスの水分を抜かずにフレッシュ感を残す。

丸ナス
トマト
とろけるスライスチーズ
薄力粉、天ぷら衣（薄力粉、卵黄、水）、揚げ油
揚げだし地（だし6：濃口醤油1：ミリン1）
薬味（大葉、ミョウガ、カイワレ菜）

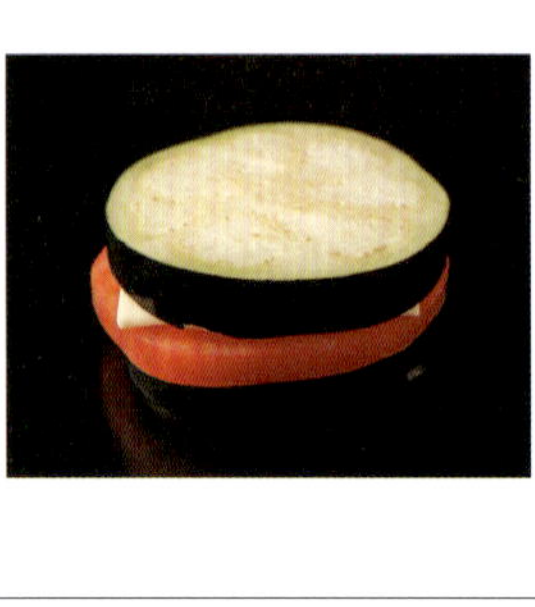

1 丸ナス、トマトは5㎜厚さの輪切りにする。薬味はせん切りにしておく。

2 丸ナス、チーズ、トマト、丸ナスの順に重ねて、刷毛で薄力粉をまぶす。濃いめの天ぷら衣にくぐらせて170℃の揚げ油で揚げる。チーズは溶かしたいが、丸ナスとトマトは生っぽさを残すくらいに火を入れる。

3 取り出して食べやすく切って器に盛る。合わせて熱した揚げだし地をかけ、せん切りにした薬味を混ぜて添える。

福寿草揚

分とく山

フキノトウのつぼみに見立てて、中にチーズを射込んで揚げた初春の揚げ物。薄衣をまとわせて、雪の中から出てきたばかりの風情を表わした。チーズが溶け出すと油が汚れるので、取り出すタイミングが肝心。

［温度時間：180℃で30～40秒間
イメージ：高温でサッと。揚げ色をつけないように。］

フキノトウ
プロセスチーズ（さいの目切り）
薄力粉、天ぷら衣（薄力粉40g、水80cc、卵黄1／2個分）、揚げ油
煎り玉＊

＊卵黄を湯煎にかけて数本の箸で混ぜながら煎り、火が通ったら裏漉しする。さらにボウルに和紙を敷き、裏漉しした卵黄を広げ、湯煎で軽く煎って油抜きをする。

1 フキノトウは芯を包丁の切っ先ではずす。内側に刷毛で薄力粉をまぶし、プロセスチーズを詰める。

2 1のまわりに薄力粉をまぶし、天ぷら衣にくぐらせて、180℃の油で揚げる。衣の水分が抜けてカリッとしたら、チーズが溶け出す前に取り出す。

3 油をきり、上に切り込みを入れて煎り玉を添える。

ホワイトアスパラ米粉揚げ 黄味酢とからすみ粉がけ

おぐら家

グルテンフリーの揚げ物。小麦アレルギーやグルテンを摂らないお客さま向けに米粉衣をつけて揚げた。高温で揚げるとこげやすいので注意。

温度時間：170℃で1分間
イメージ：みずみずしいホワイトアスパラの水分を抜かないように火を入れる。

ホワイトアスパラガス
米粉、米粉衣（米粉、水）、揚げ油
黄味酢（つくりやすい分量）
…卵黄…8個分
…土佐酢*…180cc
カラスミ粉**

*だし3：淡口醤油1：ミリン1：リンゴ酢1を合わせて一煮立ちさせて冷ます。
**カラスミを砕き、ボウルに入れて湯煎に10分間ほどかけたのち、裏漉しする。

1 黄味酢を用意しておく。卵黄と土佐酢をボウルに入れて湯煎にかけて泡立て器で撹拌し、火が通って重たくなってきたら、ボウルを氷水にあてて冷ます。冷めたら裏漉ししてなめらかにする。

2 ホワイトアスパラガスは根元のかたい皮をむく。米粉をまぶして、薄めに溶いた米粉衣にくぐらせて170℃の揚げ油で揚げる。

3 器に黄味酢を流し、アスパラガスを盛る。上からカラスミ粉をたっぷりとふる。

万願寺唐辛子射込み揚げ

蓮

夏野菜の揚げ物。万願寺唐辛子は赤と緑の2種があるが、赤のほうが肉厚で揚げ物に向く。
中に詰めた煮アナゴと相性のよいサンショウ塩を添えて。

温度時間：160℃で1分半
イメージ：中に詰めたアナゴは柔らかいので、衣をカリッと揚げて食感の対比をつける。

万願寺唐辛子
煮アナゴ
……アナゴ…1本
……煮汁（日本酒100cc、濃口醤油50cc、砂糖20cc、水500cc）
薄力粉、薄衣（薄力粉**3**：コーンスターチ**1**：炭酸水**1.5**）、揚げ油
サンショウ塩（塩、青サンショウ粉）

1 煮アナゴを用意する。アナゴは背開きにしてヌメリを取り、水に日本酒、濃口醤油、砂糖で薄味をつけた煮汁で20分間煮る。そのまま冷ます。

2 煮アナゴを包丁で粗くたたく。

3 万願寺唐辛子は縦に包丁目を1本入れて開き、種を抜いて**2**のアナゴを詰める。

4 **3**に薄力粉をまぶして、薄衣にくぐらせ、160℃の揚げ油で揚げる。万願寺唐辛子は表面がすべりやすいので、衣はやや濃いめに溶くとよい。

5 1分半ほど揚げて衣がカリッとしたら、取り出して油をきる。

6 そのまま、あるいは食べやすく一口大に切り分けて盛りつける。塩に青サンショウ粉をすり混ぜてつくったサンショウ塩を添える。

百合根とモッツァレラチーズ 桜揚げ

おぐら家

ほっくりとしたユリネの裏漉しにモッツァレラチーズのまろやかな味がよく合う。桜色の新挽粉を衣にした桜の季節にぴったりの変わり揚げ。チーズを他の具に変えれば、お節料理にも向く。

温度時間：160℃で3分間
イメージ：衣に揚げ色がつかないように、低温で揚げる。中に入れたチーズが少し溶け出してきたら上げる。

生地（つくりやすい分量）
ユリネ…200g
片栗粉…10g
ヤマトイモ（すりおろし）…80g
モッツァレラチーズ（小角切り）
薄力粉、溶いた卵白、衣（→P86右中段）、揚げ油

1 ユリネは鱗片を1枚ずつばらし、柔らかく蒸して裏漉す。
2 1を鍋に移し、片栗粉、おろしたヤマトイモを入れて中火で10分間ほど練る。冷まして生地をつくる。
3 生地を1個50g取り分けて丸めてのばし、モッツァレラチーズを1個入れて包む。
4 薄力粉をまぶし、溶いた卵白にくぐらせて、衣をしっかりとつける。160℃に熱した揚げ油でじっくりと揚げる。温度が高いとこげてしまうので、低温で。
5 底の継ぎ目からほんの少しチーズが溶け出てきたら取り出して油をきり、盛りつける。

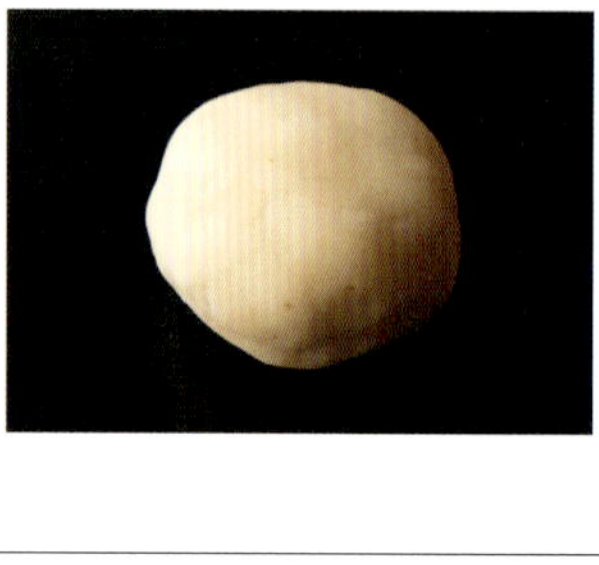

蓮根まんじゅう 葱あん

久丹

レンコンを練って丸め、カリッと揚げた蓮根まんじゅうは、タコ焼きを思わせるような味わい。タコ焼き風に甘じょっぱいあんにネギを混ぜ、たっぷりかけた。

蓮根揚げだし

蓮

もっちりした蓮根餅とサクサクした輪切りの2通りのレンコンの味と食感を楽しんでいただく。

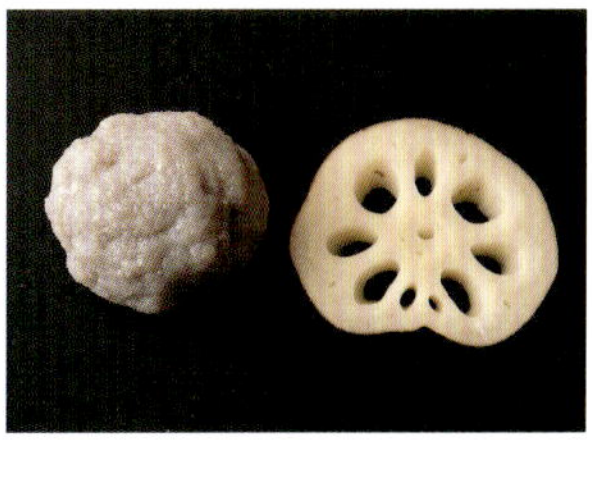

蓮根まんじゅう 葱あん

久丹

温度時間：180℃で4分間
イメージ：中を熱く、まわりはカリッと。

蓮根まんじゅう
レンコン（すりおろし）…100g
葛粉…25g
だし…50g
煎りゴマ…5g
淡口醤油・塩…各適量
揚げ油
葱あん（だし、淡口醤油、ミリン、葛粉、九条ネギ）
溶き芥子

1 蓮根まんじゅうをつくる。鍋におろしたレンコンを入れて火にかけて練る。フツフツと沸いたら、だしで溶かした葛粉を少しずつ流しながらよく混ぜる。

2 塩で味をつけ、淡口醤油で香りをつけて吸い地程度の味に調える。白濁した地が、灰色がかって透明感が出てきたら、煎りゴマを加えて練る。重たくなってきた地がフツフツと沸いて少しゆるんできたらでき上り。常温まで冷ましたのち、茶巾に絞る。

3 180℃の揚げ油で**2**の蓮根まんじゅうを揚げる。中が充分熱くなって、表面に揚げ色がついてこうばしくなったら、取り出して油をきる。

4 葱あんをつくる。こうばしく揚げたまんじゅうを田舎風に仕上げるために、だしに淡口醤油とミリンで甘じょっぱい味をつけて火にかける。沸いたら水で溶いた葛粉を少しずつ加えてとろみをつけ、小口切りの九条ネギを加えて火を止める。

5 蓮根まんじゅうを盛り、熱い葱あんをかける。溶き芥子を添える。

蓮根揚げだし

蓮

温度時間：餅は160℃で2分間、最後は180℃
レンコンは170℃で1分間
イメージ：餅は低温でゆっくりと中心まで熱くする。
輪切りは水分を抜いてこんがりとキツネ色に。

レンコン（すりおろしと輪切り）
片栗粉、揚げ油
天だし＊
薬味（青さ海苔、鴨頭ネギ、紅葉おろし）
＊だし300cc、淡口醤油40cc、ミリン10ccを合わせて火にかけ、一煮立ちさせて常温に冷ましておく。

1 蓮根餅をつくる。まずレンコンをすりおろして水気を絞る。バットに入れて蒸し器で20分間蒸す。取り出してよく混ぜ、粘り気を出して常温に戻す。

2 **1**を1個30gに丸め、片栗粉をまぶして160℃の揚げ油で2分間揚げて取り出す。

3 薄い輪切りにしたレンコンは、170℃の揚げ油に1分間入れて素揚げにする。

4 器に天だしを注ぎ、蓮根餅と輪切りのレンコンを盛りつける。薬味の青さ海苔、刻んだ鴨頭ネギ、紅葉おろしを添える。

揚げ野菜のサラダ

ゆき椿

野菜を揚げ、カリッとした食感とこうばしさと油のコクを加えてサラダ仕立てに。赤ワイン酢で酸味をきかせたドレッシングでさっぱりと。

温度時間：140℃で3〜4分間。ゴボウのみ120℃で6分間
イメージ：低温で野菜の水分をゆっくり抜いてチップスのような食感にする。

芽キャベツ
ダイコン
レンコン
ゴボウ
カリフローレ
揚げ油
ドレッシング（赤ワイン酢、塩、オリーブ油）

1 野菜をそれぞれ食べやすい大きさに切る（↓右写真）。レンコン、ダイコンは表面を乾かしておく。

2 火が通るまでに時間がかかる野菜から140℃に熱した揚げ油に入れる。レンコン、芽キャベツ、ダイコン、カリフローレの順。ゴボウは120℃の油でカリカリになるまで時間をかけて揚げる。

3 それぞれの野菜の水分が抜けて、表面がカリッとこうばしくなって揚げ色がついたら取り出して油をきる。

4 揚げ野菜をボウルに移して、赤ワイン酢、塩で味をつけ、風味づけ程度のオリーブ油を入れて和えて盛りつける。揚げ野菜サラダなので、オリーブ油は少なめに。

夏野菜 チミチュリソース添え

ゆき椿

チミチュリソースは南米生まれ。ヨーロッパでもポピュラーなピリ辛で酸味のあるソースで、野菜はもちろん、肉や魚など何にでも合う万能だ。現地ではみじん切りのハーブをオイル漬けにする店もあるようだ。

温度時間：フリットは150℃で2分間弱
素揚げは150℃で2〜3分間
イメージ：フリットは衣でコーティングして中の野菜の水分を沸騰させるイメージ。素揚げは高温で表面をカリッと揚げて野菜の水分を閉じ込めるイメージ。それぞれ野菜の食感は残す。

トマト、ナス、オクラ、ズッキーニ、ヤングコーン
フリット衣（炭酸水100cc、薄力粉65g、塩1g）
チミチュリソース（つくりやすい分量）
イタリアンパセリ…20g
パクチー…5g
ニンニク…1片
酢…30g
オリーブ油…60g
塩…1g
粉末スパイス（クミン0.5g、オレガノ1g、カイエンヌペッパー0.5g）

1 フリット衣をつくる。塩と薄力粉を混ぜ、炭酸水を合わせて混ぜる。

2 野菜を右下の写真のように食べやすく切りそろえる。水分の多いトマトとナスはフリット衣をつけて、150℃の揚げ油で2分間弱揚げる。

3 オクラとズッキーニとヤングコーンは150℃の揚げ油で2〜3分間素揚げにして表面に薄い色をつける。

4 チミチュリソースをつくる。材料をすべてフードプロセッサーに入れて回す。時間がたつと色はあせてくるが、密封容器で保存すれば日持ちする。

5 野菜を盛り合わせ、チミチュリソースを添える。

煎餅三種
玉蜀黍、海苔、海老

分とく山

酒のつまみにぴったりのフィンガーフード。
玉蜀黍煎餅には黒コショウでピリッと
アクセントをつけるとシャンパンによく合う。
水分を飛ばしてから揚げるので
スナック感覚で軽い仕上り。

煎餅三種　玉蜀黍、海苔、海老

分とく山

温度時間：玉蜀黍は160℃で30秒間。
海苔と海老は180℃で30秒間
イメージ：低温の油でこがさないよう軽く仕上げる。

玉蜀黍煎餅（つくりやすい分量）
……トウモロコシ…2本
……片栗粉…15g
……黒コショウ…適量

海苔煎餅
……白身魚…1切れ10g
……生海苔
……片栗粉

海老煎餅
……エビ
……片栗粉

揚げ油、塩

1 玉蜀黍煎餅をつくる。トウモロコシは皮とヒゲを取り、水からゆでる。沸騰したら3分間ゆでたのち、取り出してラップフィルムを巻いて冷ます。

2 **1**が冷めたら包丁で粒を切り落とし、フードプロセッサーにかけて細目の裏漉し器で漉してペーストにする。ペースト300gに対して片栗粉15g、黒コショウを混ぜ合わせる。

3 クッキングシートの上に間隔をあけて**2**を8gずつ並べて、上からもう1枚クッキングシートをかぶせて麺棒で薄くのばす。

4 海苔煎餅をつくる。白身魚の切り身に生海苔をからめる。表面に片栗粉をまぶし、**3**の要領でクッキングシートに挟んで麺棒で薄くのばす。白身魚やエビなどのタンパク質は完全に火を入れたいので、空き瓶や麺棒でたたいてしっかりとのばす。

5 海老煎餅をつくる。エビは頭と背ワタ、殻をむき、身を開く。片栗粉をしっかりとまぶし、**3**の要領でクッキングシートに挟んで麺棒でたたいて薄くのばす。

6 のばした**3**、**4**、**5**の煎餅生地を並べて、100℃のコンベクションオーブンのコンビモード0%で約40分間加熱し、水分を飛ばす。

7 玉蜀黍煎餅は160℃の揚げ油で、海苔煎餅と海老煎餅は180℃の揚げ油で揚げる。数秒間たつと気泡が少なくなって次第に消えてくる。これが揚げ上がりの目安。取り出して油をきり、軽く塩をふって盛りつける。

第三章
肉と卵の揚げ物

鴨ロースの唐揚げとゴーヤの素揚げ、有馬山椒炒め

根津たけもと

揚げた鴨とゴーヤは炒めて味をからませた。ゴーヤの苦みが好きな方には、もっと厚く切ってもいいだろう。中華風の仕立てだが、有馬山椒を使うことで和風の味わいに。

牛カツ玄米香煎揚げ　揚げた蕗の薹ソースがけ

おぐら家

ピーナッツ油ベースの蕗の薹ソースを合わせるので、牛カツは重くならないようにカリッとした食感の玄米香煎を衣にした。

和牛揚花山椒あん

久丹

カイノミという部位はバラ肉の一部で、サシがほどよく入った柔らかい肉質が特徴。脂がのった肉には、さわやかな花サンショウの香りがよく合う。

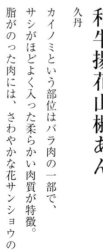

鴨ロースの唐揚げとゴーヤの素揚げ、有馬山椒炒め

根津たけもと

温度時間：鴨は180℃で2分間。ゴーヤは170℃でサッと
イメージ：鴨は高温で表面を揚げ固めてコーティングするイメージ。揚げ終えた段階で肉はまだ赤くてもよい。ゴーヤはジューシーさを失わないように中温短時間で。

鴨ロース肉、片栗粉
ゴーヤ
揚げ油
ゴマ油（焙煎濃口タイプ）、有馬山椒、塩、オイスターソース
粉サンショウ、万能ネギ（小口切り）

1 鴨ロース肉は薄切りにして、1枚ずつ脂の縁に細かく包丁を入れる。

2 1に片栗粉をしっかりとにぎるようにしてつけて、180℃の揚げ油で2分間ほど揚げる。中はまだ赤くてもよい。

3 ゴーヤは半分に切って種を抜き、薄切りにして水気をふく。170℃の揚げ油でサッと素揚げして油をきる。

4 フライパンにゴマ油をひいて、揚げた鴨とゴーヤを入れる。有馬山椒を入れ、塩少量（下味程度）、オイスターソース少量を加えて炒め合わせる。

5 4を盛りつけ、粉サンショウをふり、万能ネギを散らす。

牛カツ玄米香煎揚げ 揚げた蕗の薹ソースがけ

おぐら家

温度時間：牛肉は170℃で1分間
フキノトウは160℃で8分間
イメージ：牛肉はまわりの衣がこげないように注意し、余熱を利用してレアに火を入れる。

牛リブロース肉…1枚20g（2～3㎝厚さ）
塩、コショウ
薄力粉、溶き卵、玄米香煎、揚げ油
蕗の薹ソース（フキノトウ、ピーナッツ油、濃口醤油）

1 牛リブロース肉は塩、コショウをふって20分間ほどおく。

2 牛肉に薄力粉をまぶし、溶き卵にくぐらせて玄米香煎をつけ、170℃の揚げ油で揚げる。衣がこげないように注意。レアな感じを残したいので、余熱を考慮して取り出す。

3 蕗の薹ソースをつくる。フキノトウを刻んで水にさらしてアクを抜く。水気を絞り、160℃に熱した浸るくらいのピーナッツ油に入れて揚げる。フキノトウがキツネ色になったら火を止める。

4 フキノトウとピーナッツ油をボウルに移し、濃口醤油少量を加えてソースとする。

5 蕗の薹ソースを器に流し、切り分けた牛カツを盛りつける。

和牛揚花山椒あん

久丹

温度時間：180～200℃で30秒間、取り出して5分間余熱。これを4回くり返す
イメージ：高温の油で4回に分けて熱を通し、余熱を利用して少しずつ火を入れていく。

牛カイノミ…30g
大葉…1枚
薄力粉、天ぷら衣（薄力粉、水）、揚げ油
花山椒あん（花サンショウ適量、だし8：濃口醤油0.5：淡口醤油0.5：ミリン1、葛粉適量）

1 牛カイノミを分厚くさく取りして大葉を巻き、薄力粉をまぶし、天ぷら衣にくぐらせて、180℃に熱した油で30秒間揚げる。取り出して油をきりながら、5分間やすませて余熱で火を入れる。これを4回くり返す。

2 花山椒あんをつくる。だしに調味料を加えて火にかけ、沸いたら円を描くようにだしをかき混ぜながら少量ずつ水溶き葛粉を加えてとろみをつける。最後に生の花サンショウを入れる。

3 牛カイノミを切り分けて盛りつけ、上から花山椒あんをかける。

揚げ牛肉と蕗の薹の炊き込みご飯

久丹

牛のスジ肉を
「かすうどん」のホルモンの
ようにガリガリに揚げて
苦みを和らげた
フキノトウの素揚げとともに
炊き込んだご飯。

牛舌若草揚

分とく山

圧力釜で柔らかく炊いた牛タンを味噌漬けに。
牛タンのまわりには粗くすりつぶした
ホウレンソウを混ぜた衣をつけて若草揚とした。

スッポンの唐揚げ

久丹

濃いめの味で炊いたスッポンの唐揚げ。
餅粉を用いると、カリッと揚がる。
スッポンの弾力ある肉質とクリスピーな衣の
食感のコントラストがポイント。

揚げ牛肉と蕗の薹の炊き込みご飯

久丹

「**温度時間**：牛スジ肉は１８０℃、フキノトウは１７０℃で水分が完全に抜けて泡がなくなるまで
イメージ：牛スジ肉は高温で完全に脂を抜いてガリガリに。」

牛スジ肉（薄切り）…１００g
フキノトウ（粗みじん切り）
揚げ油
米…1合
炊き地（だし10：淡口醤油１：ミリン１）…２００cc
木ノ芽

1 牛ヒレ肉のカブリのスジ部分を薄切りにする。フキノトウは粗みじんに切る。

2 フキノトウは１７０℃の揚げ油に入れ、気泡が消えるまで揚げて取り出し、ペーパータオルで押さえて油を取る。

3 牛スジ肉は１８０℃の揚げ油で揚げる、脂が抜けてガリガリになるまでしっかりと火を入れる。

4 米1合を研いで完全に水に浸して45分間おいたのち、水をきって土鍋に入れ、合わせた炊き地２００ccを加えて**2**と**3**をのせて弱火にかける。すぐに強火にして、沸騰したら弱火で10分間炊く。蒸らしはなし。

5 木ノ芽を散らしてお客さまに見せてから、切り混ぜてよそう。

牛舌若草揚

分とく山

［温度時間：170℃で1〜1分半
イメージ：衣でコーティングして中の牛タンをふっくらと蒸らすイメージ。］

牛舌味噌漬け(つくりやすい分量)
……牛タン(皮むき済)…1kg
……オカラ…100g
……白粒味噌…1kg
若草衣(天ぷら衣*、ホウレンソウ、塩)、揚げ油
白ネギ

*薄力粉60g、水100cc、卵黄1個分を混ぜる。

1 牛タンは5等分に切り分けて霜降りする。圧力釜に移し、浸るくらいの水とオカラを入れて蓋をして火にかける。圧力がかかって2目盛りになったら弱火にして15分間加熱し、火を止めて自然放置して冷ます。オカラを入れると余分な脂とアクを吸ってくれ、抜けた旨みを補ってくれる。

2 牛タンが冷めたら水で洗い、水気をふいて1切れ15g程度に切り、ガーゼに包んで白粒味噌に3日間漬け込む。

3 若草衣を用意する。ホウレンソウは葉のみをちぎり、塩少量を加えてすり鉢でする。細かくなったら水を加える。

4 細目のザルに3を移して、ザルごとゆでて冷水にとる。

5 4の水気を絞って天ぷら衣に加えて混ぜる。

6 2の牛タンを若草衣にくぐらせ、170℃の油で揚げる。取り出して油をきり、切り整えて盛りつける。天にかもじネギを添える。

スッポンの唐揚げ

久丹

［温度時間：160℃で2分間、最後は180℃
イメージ：スッポンをこがさないよう低温で揚げ始め、スッポンが熱くなったら180℃まで上げて油ぎれよく。］

スッポン(青森小川原湖産の兜すっぽん)
スッポンのゆで汁(水10：日本酒1、昆布)
煮汁(スッポンのゆで汁、濃口醤油)
粉サンショウ
薄力粉、溶いた卵白、餅粉、揚げ油

1 スッポンを四つほどきにし、黄色い脂をはずす。水と日本酒を合わせ、昆布を入れて、ほどいたスッポンを炊く。沸騰したらアクをひいて、12分間煮る。

2 スッポンが柔らかくなったら、一口大に切る。スッポンを炊いた1のゆで汁に、0.6%の濃口醤油で濃いめに味をつけてスッポンを煮る。沸いたら弱火で5分間コトコトと煮て火を止め、そのまま冷ます。冷めたら容器に移して冷蔵庫で保管する。

3 煮凝りのスッポンを温めて戻し、粉サンショウをふる。薄力粉をまぶし、溶いた卵白にくぐらせて、餅粉をまぶす。

4 160℃の揚げ油に入れ、スッポンが熱くなったら温度を上げる。カリッとしたら取り出して油をきる。

スッポンの西京漬揚げ

椿山

スッポンを西京漬けにして味をつけ、唐揚げに。添えたネギは揚げると辛みが消えて香りが引き立つ。スッポンとの相性もよくなる。

スッポンのかき揚げ

蓮

むっちりとしたスッポンの身にカリカリとした衣をまとわせたかき揚げ。食感が違うレンコンを合わせて軽さを出した。

スッポンの揚げパン

まめたん

カレーパンのイメージで、煮凝りのスッポンを中に詰めたパン。コースの中ほどでしのぎとして提供する。パン生地はパン屋からカレーパン用を分けてもらっている。

豚肩ロースのコンフィでとんかつ

まめたん

コンフィにした豚肩ロースの塊肉に衣をつけてとんかつに。箸で切れるほどの柔らかな豚肉とカリッとしたパン粉の食感の違いをつける。ワサビと塩を添えたが、漬物入りのタルタルソースやとんかつソースでも合う。

コンフィにした豚肩ロース肉。

スッポンの西京漬揚げ

椿山

温度時間：スッポンは180℃で3分間。ネギは170℃で5〜6分間
イメージ：スッポンは衣をカリッと揚げる。
ネギはこがさないように脱水し、ネギの香りを立てる。

スッポン
味噌床（つくりやすい分量）
……白粒味噌…2kg
ミリン…180cc
日本酒…180cc
米粉、揚げ油
長ネギ、揚げ油

1 スッポンはほどいて一口大に切る。80℃の湯の中に浸けて薄皮をむいたのち、水にさらして血を抜く。
2 味噌床の材料を合わせて1のスッポンを12時間漬ける。
3 味噌をふき取り、米粉をまぶして、180℃の油で3分間ほど、表面がカリッとするように揚げる。
4 長ネギを薄い笹切りにして170℃の油で5〜6分間揚げ、薄いキツネ色になったらすぐに取り出して油をきる。
5 4の長ネギを器に敷き、その上にスッポンを盛る。

スッポンのかき揚げ

蓮

温度時間：160℃で2分間、最後は170℃
イメージ：スッポンにはすでに火が通っているので、薄衣のみに火を通す。

スッポン
煮汁（水500cc、日本酒100cc、濃口醤油40cc、塩少量、昆布・薄切りのショウガ各適量）
レンコン（あられ切り）
三ツ葉
薄力粉、薄衣（薄力粉3：コーンスターチ1：炭酸水1.5）、揚げ油
香味酢
……濃口醤油2：だし1：酢2：砂糖1
黒七味…適量
薄切りのショウガ・ユズの皮…各適量

1 スッポンをほどいて、合わせた煮汁で1時間煮る。そのまま1日おいてなじませる。
2 スッポンを取り出して色紙切りにする。
3 ボウルにスッポン、レンコン、刻んだ三ツ葉を入れて、薄力粉をまぶしたのち、薄衣を加える。
4 160℃の揚げ油に入れ、薄衣に火が入ったら取り出して油をきる。
5 器に盛り、香味酢を添える。香味酢は材料を生合せしたもの。

スッポンの揚げパン

まめたん

温度時間：170℃で1分半
イメージ：高温では破裂するおそれがあるので、低めの温度でゆっくり揚げて、あんをトロトロに熱くする。

スッポン
スッポンのゆで汁（水3：日本酒2、ショウガ、長ネギ）
ショウガ、ハクサイ、新玉ネギ
太白ゴマ油
煮汁（スッポンのゆで汁12：濃口醤油1：砂糖0.5：ミリン0.5）、葛粉
黒七味
パン生地（冷凍）
ドライパン粉、揚げ油

1 スッポンを四つにほどく。ゆで汁の材料を合わせてスッポンをゆでる。ゆで汁はたっぷり用意し、中火で2時間ゆでる。ゆで汁が少なくなったらその都度水を加える。

2 せん切りにしたショウガ、ハクサイ、新玉ネギを太白ゴマ油で炒め、1のゆで汁とスッポンを入れて沸かす。沸いたら砂糖、ミリン、濃口醤油で甘めに味を調えて、スッポンに味が入るまで煮る。水で溶いた葛粉を少しずつ加えて濃いめにとろみをつけて冷ます。

3 パン生地を冷蔵庫で1日解凍したのち、常温に戻す。1個25g程度に丸めて、温かいところにおいて2倍になるまで発酵させる。

4 3をのばして、中に2を30gほど詰めて黒七味をふり、丸める。ドライパン粉をまわりにまぶして、170℃の揚げ油で1分半ほど、ころがしながら揚げる。油をきって盛りつける。

豚肩ロースのコンフィでとんかつ

まめたん

温度時間：180℃で1分間弱
イメージ：肉に火を入れる必要はないので、高温で衣のみに火を入れる。

コンフィ
　豚肩ロース肉（ブロック）…2kg
　長ネギ、ショウガ、黒粒コショウ、ローリエ
　ラード
塩、黒コショウ
薄力粉、溶き卵、生パン粉（粗目）
揚げ油
カマルグの塩、スダチ、ワサビ

1 豚肩ロース肉をコンフィにする。ラードを溶かして、長ネギ、ショウガ、黒粒コショウ、ローリエを各適量ずつ入れて豚肩ロース肉を入れる。ラードは豚肉が完全にかぶるくらい、たっぷり用意する。

2 ラードは70℃を保って5時間加熱する。コンベクションオーブンを利用する場合は、ドライモードで行なう。

3 ラードから豚肉を取り出し、温かいうちに脂をふいて1枚140gの切り身にする。

4 塩、コショウをふって薄力粉をまぶし、溶き卵にくぐらせて生パン粉をつける。180℃に熱した揚げ油で1分間弱揚げて衣にきれいな揚げ色がついたら取り出して油をきる。

5 食べやすく切り分けて塩、スダチ、ワサビを添える。

豚蓬麩巻

分とく山

蓬麩のまわりに豚肉を何重かに巻いて天ぷら衣でコーティング。温まった蓬麩から、ほんのり香りが漂ってくる。

豚バラとガリのかき揚げ

ゆき椿

豚バラ肉はガリの甘酸っぱさで脂が和らいでさっぱり食べられる。脂と甘みが実によく合う組合せ。

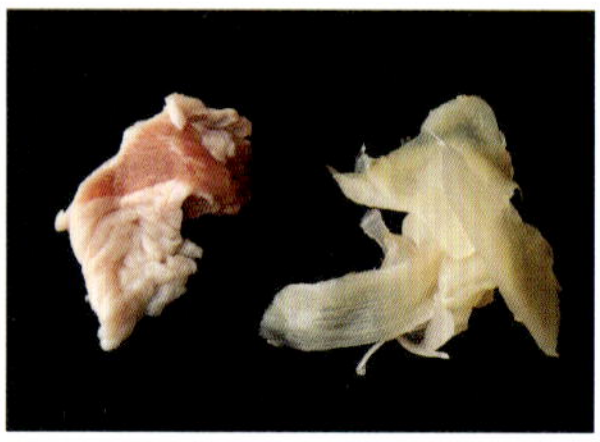

ラムカツ

ゆき椿

人気のラム肉をカツに。脂にクセがあるので、脂やスジの少ない部分を使う。ラムと相性のよいクミンを混ぜた塩ですすめる。

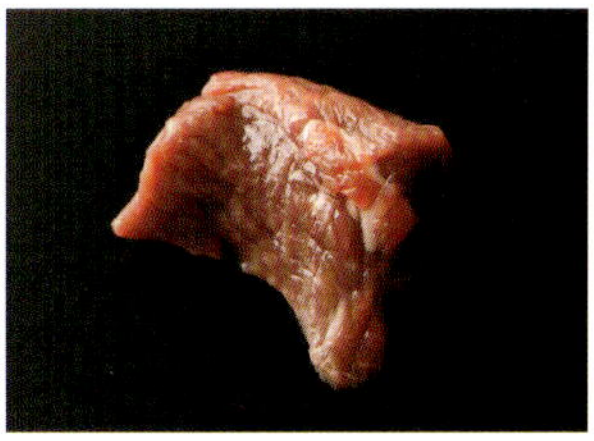

出汁巻玉子の揚げ出し風

根津たけもと

出汁巻玉子を揚げて、熱々で食べる揚げだし。仕込んでおいた玉子焼きに薄衣をつけて、水分を抜かないようにふっくらと揚げて提供する。揚げだし地のかわりに銀あんをかけても美味。

豚蓬麩巻

分とく山

温度時間：170℃で1分間、余熱で2分間、180℃で30秒間
イメージ：2度揚げしてゆっくり火を入れて肉をしっとり。

（つくりやすい分量）
豚バラ肉（スライス）…400g
蓬麩（生）…1本
薄力粉、天ぷら衣（薄力粉50g、卵1／2個、水100cc）、揚げ油、塩
木ノ芽

1 蓬麩は縦半分に切って長細い棒状に切る。まな板に豚バラ肉を少し重ねて数枚縦に並べ、蓬麩を手前においてくるくると巻き込む。
2 1をラップフィルムできっちり巻いて1時間ほどおいてなじませる。
3 2のラップをはずし、半分くらいに切って、刷毛で薄力粉をまぶし、天ぷら衣にくぐらせて、170℃の油で揚げる。天ぷら衣の水分が抜けて、泡が静かになってきたら一旦取り出して余熱で火を入れる。
4 2分間ほどおいて余熱で火を入れ、最後は180℃の揚げ油でカラリと揚げる。塩をふる。
5 4を切り分けて器に盛り、木ノ芽を添える。

豚バラとガリのかき揚げ

ゆき椿

温度時間：150℃で3～4分間
イメージ：豚バラ肉に火を入れていくイメージ。こがさないようジューシーさを残す。

豚バラ肉薄切り（1辺1.5㎝の色紙切り）、塩
ガリ（つくりやすい分量）
新ショウガ…1kg
水…500cc
酢…400cc
砂糖…250g
塩…30g
薄力粉、天ぷら衣（薄力粉、卵、水）、揚げ油、塩

1 ガリを仕込む。新ショウガをスライサーで薄切りにし、熱湯で5分間ゆでて水気を絞り、保存瓶などに入れる。
2 水、酢、砂糖、塩を合わせて沸騰させ、冷まして甘酢をつくる。冷めたら1のガリに注ぐ（仮漬け）。翌日新しい甘酢にかえて漬け込む（本漬け）。
3 豚バラ肉に強めに塩をふる。ガリの水気をふいてボウルに入れ、豚バラ肉と混ぜ合わせて薄力粉をまぶす。濃いめの天ぷら衣をたらしてさっくりと混ぜ、150℃の揚げ油で揚げる。
4 油をきって盛りつけ、塩を添える。

ラムカツ

ゆき椿

温度時間：150℃で4分間
イメージ：おいしい肉汁が抜けないよう、揚げすぎない。

ラム肉（ボンレスレッグ）
薄力粉、溶き卵、生パン粉、揚げ油
クミン塩*、塩、レモン

*クミンパウダーと焼き塩（サラサラした塩）を1対1の割で混ぜたもの。

1 脂とスジの少ないラムレッグを用意し、1個10〜15gの角切りにする。
2 ラム肉に薄力粉をまぶし、溶き卵にくぐらせて、生パン粉をしっかりとつけ、150℃に熱した揚げ油で揚げる。
3 油をきって盛りつけ、レモンを添える。別にクミン塩と塩を添える。

出汁巻玉子の揚げ出し風

根津たけもと

温度時間：180℃で2〜3分間
イメージ：すでに火が通っているので、高めの温度で玉子焼きの中心部まで熱くするのみ。

出汁巻玉子
卵…3個
だし…90cc
塩・ミリン・淡口醤油…各適量
白絞油
薄衣（薄力粉、卵、水）
揚げ油
揚げだし地（だし300cc、塩小さじ1／2、淡口醤油5cc）
葛粉
ワサビ、万能ネギ（小口切り）

1 出汁巻玉子をつくる。卵を溶きほぐしてだしでのばし、塩、ミリン、淡口醤油で薄味をつける。
2 玉子焼き鍋に白絞油をひいて熱し、1の卵液を数回に分けて流して、くるくると巻くようにまとめて焼き上げる。
3 出汁巻玉子の粗熱がとれたら食べやすく切り分けて薄衣にくぐらせ、180℃の揚げ油で2〜3分間揚げる。玉子焼きが中まで熱くなればよい。
4 揚げだし地を合わせて、吸い地くらいの味に調えて熱し、水で溶いた葛粉を少量ずつ流して薄く濃度をつける。
5 玉子焼きを器に盛り、上から4の揚げだし地をかける。ワサビを添えて万能ネギを散らす。

ローストビーフ　揚げ玉子　ちり酢

楮山

揚げ玉子は、とろりと流れるくらいの火入れ加減で
ローストビーフのソース代わりに。
鳥の巣をイメージして盛りつけた3～4人分の盛り合せ。

［温度時間：170℃で30秒間
イメージ：衣に短時間で揚げ色をつける。］

卵
薄力粉、溶き卵、ドライパン粉（細目）、揚げ油
ローストビーフ（牛モモシンタマブロック3kg、薄切りのニンニク2片分、サラダ油・塩・コショウ各適量）
新玉ネギ（薄切り）、芽ネギ
ちり酢（濃口醤油200g、たまり醤油150g、日本酒100g、ダイコンおろし1本分、レモン汁3個分、小口切りの万能ネギ1束分、レモンの皮1個分、一味唐辛子50g）

1 ローストビーフを仕込む。牛モモ肉は掃除してスジを取り除き、4等分に切り分ける。真空袋に切り分けた肉、ニンニク、サラダ油少量を入れて真空にかけ、1日冷蔵庫でマリネする。

2 必要な人数分の牛モモ肉を切り出して、塩、コショウをふり、鍋に入れ、7割ほどかぶるくらいのサラダ油を注ぐ。200℃のオーブンに入れて2分間加熱し、取り出して10分間余熱で火を入れる。これをくり返して8～9割程度火が入ったら、グリヤードで焼き目をつけ、しばらくやすませる。提供時200℃のオーブンで2分間加熱して温めて切り分ける。

3 揚げ玉子をつくる。沸騰した湯を用意し、卵を入れて6分間浸けたらすぐに取り出して氷水にとる。冷えたら殻をむく。

4 3の水気をふいて、薄力粉を全体にまぶし、溶き卵にくぐらせて、ドライパン粉をつけ、170℃の揚げ油に入れる。表面に揚げ色がついたらすぐに取り出す。半熟よりももっと浅く火を入れる。

5 器に新玉ネギのスライスを敷き、2のローストビーフを盛る。上に揚げ玉子をのせ、玉子のまわりに、芽ネギを添える。ちり酢ですすめる。

第四章 珍味・加工品の揚げ物

お多福豆蜜煮

桜と抹茶の揚げ饅頭

まめたん

桜と抹茶、2種類の味を楽しむ春の箸休め。既製品のオタフク豆蜜煮を饅頭のあんに見立て、薄衣をからめて揚げ饅頭風に。衣のピンクと緑の色が残るよう比較的低温で揚げていく。

温度時間：マメは170℃で30秒間。葉は170℃でサッと数秒

イメージ：おたふく豆蜜煮は衣に揚げ色をつけない。マメの中まで温まればよい。桜葉塩漬けは、薄衣にパリッと火が通るだけでよい。

おたふく豆蜜煮、薄力粉
桜花衣（桜花塩漬け、薄衣*）
抹茶衣（抹茶、薄衣*）
揚げ油
桜葉塩漬け、薄衣*、揚げ油
抹茶

*薄力粉、卵黄、水を合わせて薄く溶く。

1 桜花塩漬けは水に浸して塩抜きする。桜葉塩漬けは水洗いする。

2 薄衣に塩抜きした桜花塩漬けを加える。おたふく豆蜜煮に薄力粉をまぶし、桜花衣をつけて170℃の油で揚げる。衣に色がつかないよう、低めの油に投入し、最後は温度を上げて油ぎれよく。マメの中が温まればよい（桜花饅頭）。

3 薄衣に抹茶を混ぜる。おたふく豆蜜煮に薄力粉をまぶし、抹茶衣をつけて170℃の油で揚げる。桜花と同様、マメの中まで温まればよい（抹茶饅頭）。

4 桜葉塩漬けは水気をふき、全体を薄衣にくぐらせて、170℃の油でカラリと揚げる。

5 4の桜葉塩漬けの薄衣揚げを敷いて、上に桜花饅頭と抹茶饅頭を盛る。抹茶饅頭の上に抹茶を少量ふる。

唐墨羽二重揚

分とく山

カラスミはお酒との相性は抜群。酒の原料となる米との相性もよいはずなので餅で挟んで揚げてみた。しゃぶしゃぶ用の餅はすぐに火が通るので使いやすい。

温度時間：170℃で30～40秒間
イメージ：比較的高温短時間でサッと揚げる。餅は膨れやすいので、膨れる直前で取り出す。

カラスミ
しゃぶしゃぶ用餅
海苔
薄力粉、薄衣（水60cc、薄力粉30g、卵黄1／2個分）、揚げ油
シシトウ、葛切り、揚げ油

1 カラスミは薄皮をむいて薄くそぎ切りにする。しゃぶしゃぶ用餅を3等分に切ってカラスミを挟み、帯状に切った海苔を巻いて留める。

2 1に刷毛で薄力粉をまぶし、薄衣にくぐらせて、170℃の油で揚げる。餅が膨れ始めたらすぐに取り出す。衣は揚げ色がつかないように白く仕上げる。

3 羽二重揚げを盛り、素揚げしたシシトウと葛切りを添える。

揚げ胡麻豆腐

久丹

胡麻豆腐を揚げて食感を変え、コクをつけた一品。
とろけるように熱々に揚げた胡麻豆腐を揚げだし風に。

温度時間：160℃で2分間、最後は180℃
イメージ：冷たい胡麻豆腐をゆっくり揚げる。最後は温度を上げて衣を固め、中をトロトロにするイメージ。

胡麻豆腐（つくりやすい分量）
……白ゴマ…250g
水…1リットル
葛粉…130g
……塩・淡口醤油・ミリン…各適量
葛粉、揚げ油
揚げだし地（だし8：淡口醤油1：ミリン1）
花サンショウ

1 胡麻豆腐をつくる。白ゴマを分量の水に1晩浸ける。翌日漉して、白ゴマをすり鉢でよくする。ここに漉し取った水を少しずつ戻しながらすり混ぜる。これを漉してゴマ汁をとる。

2 1のゴマ汁に葛粉を溶かし、塩、淡口醤油、ミリンで吸い地程度に味を調えて火にかける。沸いたら火を弱めて10分間ほど木ベラで練る。流し缶に流して冷やし固める。

3 2の胡麻豆腐を3㎝角に切り、葛粉をまぶして160℃の揚げ油に入れる。淡いキツネ色がついてきたら、180℃まで油温を上げて油をきって器に盛る。最初から高温に入れると衣がはがれてしまう。

4 揚げだし地の材料を合わせて熱し、揚げたての胡麻豆腐にかける。上に生の花サンショウを添える。

揚げ玉とうこぎと野萱草のカラスミ和え

根津たけもと

揚げたてのサクサク感が命。
苦みのある山菜も、揚げ玉と合わせると食べやすくなる。
揚げ玉を混ぜたら時間をおかずすぐに提供する。

温度時間：170℃で投入し、180℃で取り出す。短時間で
イメージ：濃いめの天ぷら衣を高温の油にパッと散らして、浮き上がったらサッと上げる。

揚げ玉の種（薄力粉、卵、水）
ウコギ
ノカンゾウ
八方地（マグロ節の一番だし8：淡口醤油0.2：ミリン1、水塩少量）
カラスミ（さいの目切り）

1 ウコギとノカンゾウをそれぞれゆでて、八方地に1晩浸けておく。取り出して食べやすくきって、軽く地をきる。
2 揚げ玉の種（天ぷら衣）を170℃の揚げ油にたらして散らす。温度が上がったらすぐに取り出して油をきる。
3 ウコギとノカンゾウに揚げ玉を加えてさっくりと混ぜ、器に盛る。カラスミを散らす。

揚げおにぎり茶漬け

根津たけもと

天ぷらそばのご飯版。おにぎりは結んでからしばらくおいて表面を乾かしておくとカリッと揚がる。かんぴょう巻きやお新香巻きなどの巻きずしを揚げても美味。

温度時間：180℃で5〜7分間、最後は190℃
イメージ：高温で濃いめに揚げ色をつける。最後は温度をさらに上げて、油ぎれよく。

ご飯…100g
揚げ油
茶漬けだし（だし、塩、淡口醤油）
薬味（海苔、白ネギ、花ワサビのお浸し＊、ミョウガ、小口切りの万能ネギ、白ゴマ、ワサビ）

＊花ワサビを塩でもんでしばらくおき、熱湯をかける。しんなりしたら八方地（だし8：ミリン1：淡口醤油0.2、水塩少量）に浸ける。

1 ご飯でおにぎりを結んで、しばらくそのままおいて表面を乾かす。
2 茶漬けだしをつくる。だしに塩、淡口醤油を加えて、濃いめの吸い地程度に味をつけて熱する。
3 薬味を用意する。海苔、白ネギ、ミョウガは小さな色紙切りにそろえておく。花ワサビのお浸しは細かく刻む。
4 1のおにぎりを180℃の揚げ油で素揚げする。薄いキツネ色に揚げ色がついたら190℃まで上げて油をきる。
5 おにぎりを器に盛り、2のだしをかける。薬味を添えてすぐに提供する。

子持ち昆布葱衣揚

分とく山

ほどよく塩抜きした子持ち昆布に、
緑色あざやかな葱衣をつけた変わり揚げ。
葱衣のワケギは、よくすりつぶせば緑色が一層鮮やかになる。

温度時間：160℃で1分間、最後は170℃
イメージ：衣に火を通すイメージ。衣の色がくすまないように低めの油でじっくりと揚げていく。子持ち昆布には火が通らなくてよい。

子持ち昆布（縦1.5cm×横4cm×厚さ1.5cm）
塩水（塩分濃度0.5%）
薄力粉
葱衣（つくりやすい分量）
- ワケギ…100g
- 薄力粉…大さじ8
- 片栗粉…大さじ4
- 卵…2個
- 水…適量
- 煎りゴマ…大さじ4

揚げ油、塩

葱衣。すりつぶしたワケギの色は揚げたあとも鮮やかに残る。

1 切り分けた子持ち昆布は塩水に1～2時間浸けて塩抜きする。途中で何度か塩水を取り替える。少し塩気が残るくらいまで抜いたら水気をよくふき取る。

2 葱衣をつくる。ワケギは青い部分を小口切りにし、フードプロセッサーにかける。薄力粉と片栗粉を加えてさらに回して混ぜる。ここに卵、水、煎りゴマを加えてさっくりと混ぜ合わせる。

3 子持昆布は薄力粉をまぶし、**2**の葱衣にくぐらせて、160℃の揚げ油に入れて1分間揚げたのち、温度を少し上げてカラリと仕上げる。

4 油をきり、軽く塩をふって切り口が見えるように切り分けて盛りつける。

塩らっきょうの香味揚げ

根津たけもと

塩ラッキョウは好みの塩加減に調整してから揚げる。持ち味であるカリカリとした食感が残るように揚げすぎには注意。表面がつるりとしているので、天ぷら衣は少し濃いめに溶くといいだろう。

揚白玉酒盗のせ

分とく山

ゆでるかわりに揚げて火を入れた揚白玉。ゆでたときと一味違う食感が生まれる。珍味を上に添えて酒肴に。

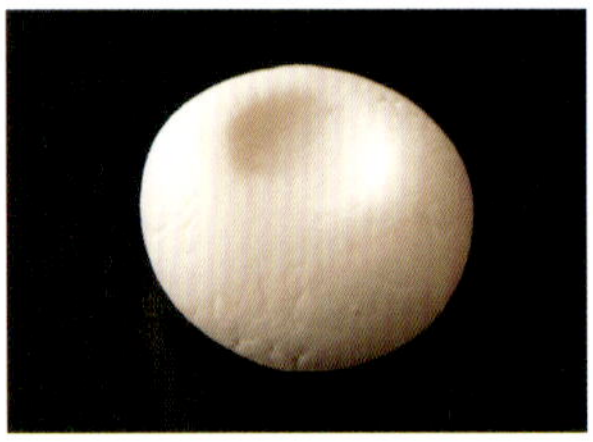

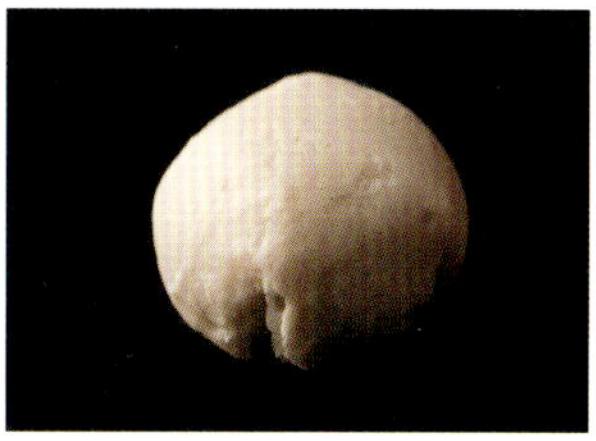

蕎麦豆腐　べっ甲あん掛

分とく山

蕎麦豆腐は柔らかいので、
薄力粉をまぶして形をくずさないように揚げる。
揚げるとコクが出てべっ甲あんがよく合う。
冬の先付、強肴に。

揚げ出し豆腐
毛蟹ネバネバあん掛け

西麻布 大竹

水分の多い絹ごし豆腐は表面をカリッと
揚げて固め、豆腐の水分を閉じ込めて揚げだしに。
オクラの粘り気であんにとろみをつけた。

塩らっきょうの香味揚げ

根津たけもと

温度時間：170℃で2分間
イメージ：青海苔の色をきれいに残したい。ラッキョウは中まで熱くなれば火が通らなくてもよい。

塩ラッキョウ
薄力粉、天ぷら衣（薄力粉、卵、水、青海苔）、揚げ油
マグロ節粉末、粉サンショウ
スダチ

1 塩ラッキョウは縦半分に切る。塩分が強いものは、薄い塩水（分量外）に浸けて塩抜きする。

2 天ぷら衣に青海苔を混ぜる。ラッキョウの水気をふき、薄力粉をまぶして天ぷら衣にくぐらせて170℃の揚げ油で2分間ほど揚げる。衣に揚げ色をつけないよう注意。

3 取り出して油をきって盛りつける。上からマグロ節の粉末と粉サンショウをふり、スダチを添える。

揚白玉酒盗のせ

分とく山

温度時間：160℃で1～2分間
イメージ：色がつかないよう、やや低めの油でフワッと揚げる。

（つくりやすい分量）
白玉粉…100g
水…90cc
揚げ油
塩イクラ・カラスミ・酒盗…各適量

1 白玉団子をつくる。白玉粉に水を入れてこね、耳たぶくらいのかたさにして、1個10gの丸にとる。

2 160℃の揚げ油に入れて、浮き上がって白玉がふくらんできたらすぐに取り出して油をきる。

3 塩イクラ、カラスミ、酒盗をのせて盛りつける。

蕎麦豆腐 べっ甲あん掛

分とく山

［温度時間：170℃で1～1分半
イメージ：中が温まるようにじっくりと揚げ、表面はカリッと。］

蕎麦豆腐（つくりやすい分量）
……更科ソバ粉…100g
豆乳…200cc
昆布だし…200cc
塩…適量

薄力粉、天ぷら衣（薄力粉60g、水100cc）、揚げ油

べっ甲あん（だし6：濃口醤油1：ミリン1.5、カツオ節、片栗粉）

芽ネギ、ワサビ

1 蕎麦豆腐をつくる。鍋に更科ソバ粉と昆布だしを入れて混ぜ、中火にかけて木ベラで練る。全体がまとまってきたら豆乳を少しずつ加えてのばしていく。弱火で軽く練り、塩で下味をつける。

2 ラップフィルムに1を35g取り分けて茶巾に絞り、輪ゴムで留めて冷水に落として冷ます。

3 2が冷めたらラップフィルムをはずして刷毛で薄力粉をまぶし、天ぷら衣にくぐらせて、170℃の揚げ油で揚げる。衣から水分が抜けてカリッとしたら取り出して油をきる。

4 べっ甲あんをつくる。鍋にだしと調味料、カツオ節を合わせて火にかける。一煮立ちしたら漉し、再び火にかけて水溶き片栗粉でとろみをつける。

5 3を盛りつけ、4のべっ甲あんを流し、切りそろえた芽ネギ、ワサビを添える。

揚げ出し豆腐 毛蟹ネバネバあん掛け

西麻布 大竹

［温度時間：170℃で3分間
イメージ：肉豆腐を色づけないように、しかし表面はしっかり固める。］

絹ごし豆腐

片栗粉、揚げ油

オクラあん
……オクラ
生キクラゲ（せん切り）
一番だし100cc、淡口醤油10cc、ミリン5cc

ケガニほぐし身、ショウガ

1 絹ごし豆腐を適度に水きりしておく。

2 オクラあんを用意する。オクラは種を取り除いてサッと熱湯でゆで、細かく刻んで粘り気を出す。一番だし、調味料を合わせて沸かし、オクラと生キクラゲを混ぜてとろみをつける。

3 1の豆腐を40gの角に切って片栗粉をまぶし、170℃の揚げ油で揚げる。揚げ色をつけないように注意。

4 3の豆腐を盛り、オクラあんをかける。上にほぐしたケガニ、針ショウガを添える。

ぬか漬けの天ぷら

ゆき椿

ゆき椿の人気の酒肴。
ぬか漬けの野菜は
どんなものでもよいし、
浅漬けでも古漬けでも合う。
天ぷら衣は薄めに溶いて
軽い仕上りに。

生麩と根菜の揚げ味噌田楽

まめたん

根菜と生麩を揚げた盛り合せ。サクラエビを混ぜたドライパン粉をつけてこうばしさをアップ。素揚げにする根菜は小玉ネギやタケノコなど、糖度が高いものを選ぶとよい。

ベーコンとアスパラの天バラ

ゆき椿

揚げたてのかき揚げをばらしてご飯に混ぜるとアスパラガスの青っぽい香りが立ってくる。ご飯に混ぜるかき揚げの具材には、香りのあるもの、塩気のあるものを使うとアクセントになる。

ぬか漬けの天ぷら

ゆき椿

温度時間：１６０℃で２分間、最後は１７０℃
イメージ：衣にちょうどよく火を通すイメージ。

ぬか漬け（キュウリ、ダイコン、赤パプリカ）
薄力粉、天ぷら衣（薄力粉、卵、水）、揚げ油

1 ぬか漬けの野菜はぬかを洗い流して水気をふき、それぞれ薄切りにする。

2 卵と水を合わせて卵水をつくり、薄力粉をさっくりと混ぜ合わせて天ぷら衣をつくる。

3 1に薄力粉をまぶし、天ぷら衣にくぐらせて１６０℃の揚げ油で揚げる。最後は１７０℃まで油温を上げ、衣に火が通ったら取り出して油をきる。彩りよく盛り合わせる。

生麩と根菜の揚げ味噌田楽

まめたん

温度時間：根菜は170℃で1分間。生麩は170℃で30秒間
イメージ：根菜は素揚げでじっくりと揚げて水分を抜いて甘みを凝縮する。生麩は中まで熱くし、まわりはカリッとこうばしく。

生麩（蓬麩、粟麩）
衣*、揚げ油
フルーツ人参、カブ、キャベツ、揚げ油
田楽味噌**、フキノトウ、だし

*乾燥サクラエビとドライパン粉をミルにかけて粉砕して合わせたもの。
**桜味噌4kg、砂糖1.5kg、日本酒8合を合わせて火にかけて練る。使用用途に応じたかたさに調節して用いる。

1 生麩は3cm角に切り出す。フルーツ人参は輪切りにし、カブは厚いいちょう切りにする。キャベツは色紙に切る。
2 まず揚げ時間の長い根菜から順に170℃の油に入れる。根菜の水分が抜けてきたら、衣をまぶした生麩を入れる。根菜は水分を適度に抜いて甘みを出すが、歯応えは残す。
3 生麩は中が熱くなって、表面の衣がカリッとするように揚げていく。衣をこがさないように注意。
4 根菜と生麩を取り出したのち、キャベツをサッと油に通す。
5 田楽味噌を鍋に適量取り分けて火にかけ、刻んだフキノトウを入れて、適量のだしでとろりとしたソース状にのばす。
6 根菜、生麩、キャベツを盛り合わせて、5の田楽味噌をかける。

ベーコンとアスパラの天バラ

ゆき椿

温度時間：140～150℃で2分間
イメージ：アスパラガスは水分を抜きすぎないようジューシーに。

ベーコン（あられ切り）
グリーンアスパラガス（斜め切り）
薄力粉、天ぷら衣（薄力粉、卵、水）、揚げ油
ご飯、塩
長ネギ、刻み海苔

1 ベーコンはあられ切り、グリーンアスパラガスは斜め切りにする。
2 1をボウルに入れて薄力粉をまぶし、濃いめに溶いた天ぷら衣をたらしてさっくり混ぜる。
3 140～150℃に熱した揚げ油に入れてカリッと揚げて油をきる。
4 炊きたてのご飯に3のかき揚げをほぐして混ぜる。ここに薄い笹切りにしたネギを混ぜて塩で味をつける。
5 茶碗によそい、天に刻み海苔を添える。

鮎の開き・畳鰯・唐墨・潤目鰯の吹き寄せ仕立て

根津たけもと

秋の酒肴の吹き寄せ風。水分が少ない素材は揚げておいてもほとんど劣化しない。素早く提供でき、酒のあてにぴったり。

温度時間：170℃弱で畳イワシは十数秒。白味噌漬けのカラスミは一瞬
海苔は数秒。ウルメイワシは1分間。アユは2～3分間
ギンナンは低めの160℃の油で2～3分間

イメージ：水分の少ない素材なので、低めの温度の油でこがさないように揚げる。

アユ、塩水（塩分濃度3％）
ウルメイワシ
畳イワシ
海苔
白味噌漬けのカラスミ＊
ギンナン
揚げ油
塩、七味唐辛子

＊カラスミをガーゼで包み、京都の白味噌に1週間ほど漬け込む。味噌から取り出して真空にして冷蔵庫で保管する。

1 アユは背開きにして中骨を抜いて塩水に1時間浸けたのち、串を通して室内で1日干す。干すことでカリッと揚げることができるし、水分が抜けている分、揚げ油のダメージも減る。

2 ギンナンは殻をはずして、160℃に熱した揚げ油に入れて2～3分間揚げて取り出し、甘皮をむく。

3 アユは2等分に切り、170℃弱に熱した揚げ油に投入。

4 続いてウルメイワシを入れる。畳イワシ、海苔、カラスミを入れて、カラスミ、海苔、畳イワシ、ウルメイワシ、アユの順に上げて油をきる。

5 2、3、4を吹き寄せ風に盛り合わせ、塩を添え、七味唐辛子をふる。

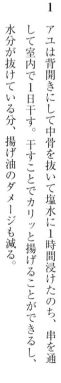

第六章
春巻き・湯葉巻きの揚げ物

稚鮎とクレソン 春巻き揚げ

おぐら家

クレソンとアユの2種の苦みがよく合う。
春巻きの皮で巻くときは空気を入れないようにするとよい。
小さなワンタンの皮などで巻けば、フィンガーフードになる。

温度時間：160℃で3分間
イメージ：火が入りにくいので低めの油で時間をかけて中まで熱くする。皮にうっすらと揚げ色がついたらOK。

アユペースト（つくりやすい分量）
　稚アユ…300g
　煮汁（水1リットル、日本酒45cc）…………
　すり身…200g
クレソン
春巻きの皮、揚げ油

1　アユペーストをつくる。まず稚アユを水洗いして霜降りし、圧力鍋に入れ、煮汁をたっぷり注いで1時間ほど煮る。煮汁に味をつけるとアユのさわやかな苦みが消えてしまうので注意。

2　稚アユを取り出してフードプロセッサーにかける。さらにすり身を入れてアユペーストとする。

3　春巻きの皮を広げ、クレソンを敷き、アユペースト60gをのせて包む。

4　160℃の油でじっくりと揚げる。取り出して油をきって盛りつける。1本のまま盛りつけてもいいし、食べやすく切り分けてもよい。

海胆の海苔巻揚げ

褚山

生ウニの甘さにトウモロコシのピューレの甘さを合わせた一皿。ウニは温める程度でよく、過度に火を入れないようにする。

温度時間：２００℃で30秒間
イメージ：高温短時間でネットライスペーパーのみに火を入れるイメージ。

ウニ
大葉
海苔
ネットライスペーパー、揚げ油
トウモロコシのピューレ（つくりやすい分量）
……トウモロコシ…1本分
牛乳…２００g
生クリーム…50g
ネギの花

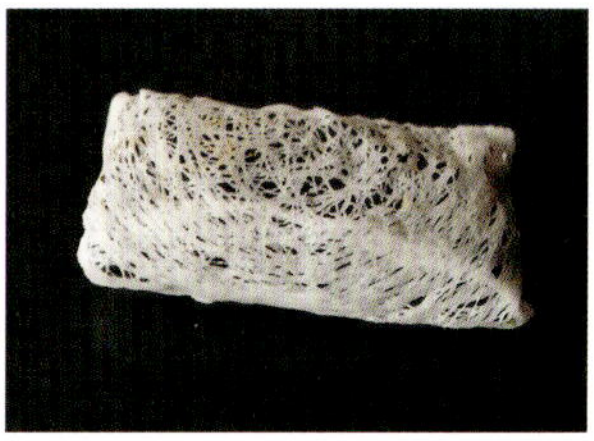

1　ネットライスペーパーからはみ出さないように海苔をのせ、海苔の手前に大葉を敷く。大葉の上にウニをのせて、ウニがはみ出さないように両端に海苔をあてて、ネットライスペーパーで包む。

2　２００℃に熱した揚げ油で1を30秒間揚げて取り出し、油をきる。

3　トウモロコシのピューレを用意する。トウモロコシはゆでて粒を取り、フードプロセッサーで回したのち、裏漉しする。

4　3を鍋に移し、牛乳、生クリームを加えて弱火で煮詰めて濃度をつける。味が足りなければ塩（分量外）を少量加える。

5　器にピューレを敷き、上に半分に切った海苔巻揚げを盛る。ネギの花を散らす。

麦藁揚

分とく山

蒸した海老しんじょのシイタケ詰めを、熱した揚げ油の中でネットライスペーパーに包んで、麦藁帽子のように成形し、カリカリした食感を与えた。

海胆の湯葉天 山菜あん

まめたん

トロトロの生ウニをくみ上げ湯葉で包んで丸めた団子のような天ぷら。くみ上げ湯葉に合わせて山菜あんは薄めに味をつける。ご飯の上にのせて湯葉天丼にしてもよい。

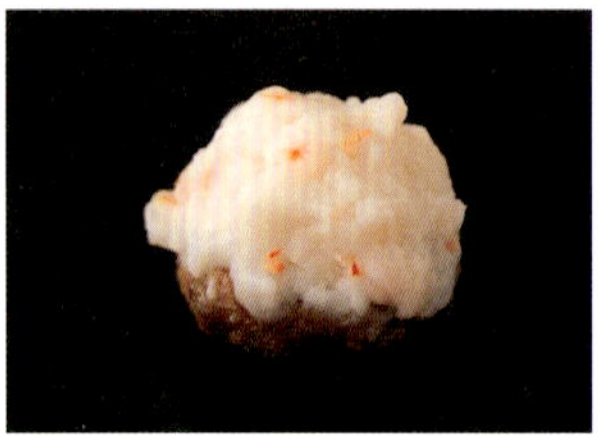

胡麻とろと無花果 湯葉包み揚げ

おぐら家

イチジクは出回る期間が短いがゆえに季節感のある食材だ。ここではドライフルーツを使ったが、旬の時期にはぜひフレッシュを。

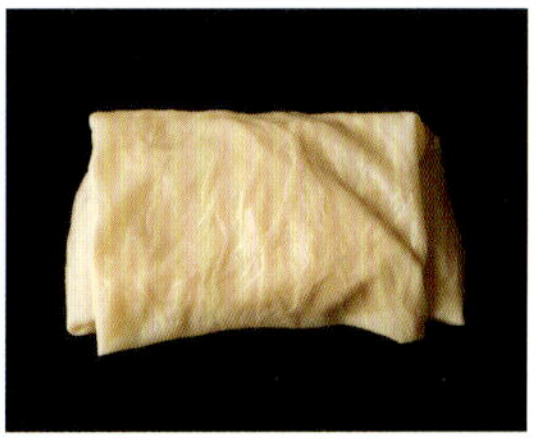

舞茸真丈 牛肉 ネットライスペーパー揚げ

おぐら家

ライスペーパーは米粉を使ったエスニック食材で、水で戻して生春巻きなどに用いる。ここで使用したのは網状に透けるネットライスペーパー。

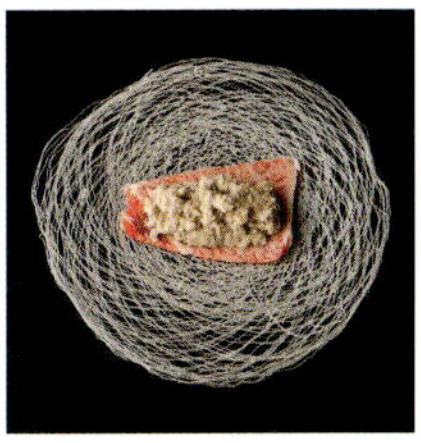

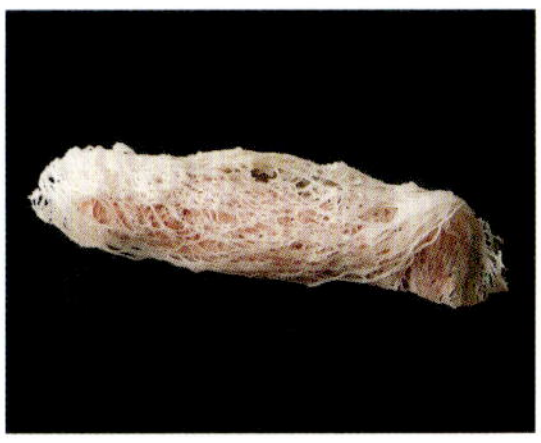

麦藁揚

分とく山

温度時間：180℃の油で30秒間
イメージ：ネットライスペーパーを真っ白な美しい形に手早く整える。

海老しんじょ（つくりやすい分量）
むきエビ…300g
すり身…150g
玉ネギ（みじん切り）…1／3個分
卵白…1／2個分
玉子の素*…大さじ2
淡口醤油…5cc

シイタケ、片栗粉
ネットライスペーパー、揚げ油
揚げだし地（だし17：淡口醤油1：ミリン0.5）
薬味（せん切りの大葉・ミョウガ・ショウガ、切りそろえたカイワレ菜）
ヤングコーン、揚げ油

*卵黄1個分を泡立て器で溶きほぐし、サラダ油120ccを少量ずつ加えてすり混ぜて、マヨネーズ状にする。

1 海老しんじょをつくる。むきエビは背ワタを抜いて塩水（分量外）で洗い、水気をふいて包丁で細かくたたく。玉ネギは霜降りする。

2 すり身はすり鉢ですり、1のエビを加えてさらにすり混ぜる。1の玉ネギ、卵白、玉子の素を加えて混ぜ合わせ、淡口醤油で味を調える。

3 シイタケは軸を切り取り、傘の内側に片栗粉を刷毛でまぶし、2の海老しんじょを詰める。バットに並べて蒸し器で10分間蒸す。

4 揚げ油を180℃に熱し、セルクルを入れる。この上にネットライスペーパーを広げ、中に3を詰めて、箸でライスペーパーの形を整える。

5 麦藁帽子の形が決まったら取り出して油をきって器に盛る。沸かした揚げだし地を注ぎ、薬味をのせる。素揚げしたヤングコーンを添える。

海胆の湯葉天　山菜あん

まめたん

温度時間：180℃で20秒間
イメージ：ウニも湯葉も生で食べられるもの。高温で衣をサッと固めればよい。中のウニには火を入れすぎない。

ウニ
くみ上げ湯葉
薄力粉、天ぷら衣（薄力粉、卵黄、水）、揚げ油
山菜あん（だし7：濃口醤油1：ミリン1、山菜*、葛粉）
ワサビ

*ウルイ、アサツキ、タラノメ、ウドを使用。種類は問わない。

1 くみ上げ湯葉はザルに上げて水気をきっておく。

2 水気をきった湯葉を広げ、生ウニ20gを包んで薄力粉をまぶし、天ぷら衣にくぐらせて、180℃の揚げ油で短時間で衣にカリッと火を通す。取り出して油をきる。

3 山菜あんをつくる。山菜をそれぞれ短冊に切る。だしに濃口醤油とミリンで薄味をつけ、山菜を入れて温め、水溶き葛粉でゆるくとろみをつける。

4 器に2の湯葉天を盛り、上から山菜あんをかける。天にワサビを盛る。

胡麻とろと無花果 湯葉包み揚げ

おぐら家

温度時間：160℃で1分間、最後は180℃
イメージ：湯葉をこがさないよう、低温で中のゴマとろをグツグツ沸かすように火を入れる。

ゴマとろ（つくりやすい分量）
昆布だし…720cc
練りゴマ…180cc
砂糖…小さじ5
葛粉…140g
濃口醤油…適量
イチジク
生湯葉シート
揚げ油
べっ甲あん（だし8：濃口醤油1：ミリン1、葛粉適量）

1 ゴマとろをつくる。表記の材料をすべて鍋に入れて混ぜ、火にかける。沸いたら火を弱めて20分間ほど木ベラで練って冷ましておく。揚げたときに中がトロトロになるように調整する。
2 生湯葉シートを広げ、ゴマとろ10gをのせ、カットしたイチジクをのせて包む。
3 160℃に熱した揚げ油に入れて中のゴマとろが熱くなるまで揚げる。最後は油ぎれよく180℃まで温度を上げて取り出す。
4 べっ甲あんをつくる。表記の割でだし、濃口醤油、ミリンを合わせて沸かし、水で溶いた葛粉を少量ずつ加えてとろみをつける。
5 3を器に盛り、べっ甲あんをかける。ここでは中が見えるように切ったが、中のゴマとろが流れないように切らずに提供する。

舞茸真丈 牛肉 ネットライスペーパー揚げ

おぐら家

温度時間：160℃で3分間、最後は180℃
イメージ：160℃の油で時間をかけて揚げる。最後は高温にして油ぎれよく。

舞茸しんじょ（つくりやすい分量）
マイタケ…200g
すり身…500g
玉子の素*…3個分
牛肉（薄切り）、塩、コショウ
ネットライスペーパー、片栗粉、揚げ油
*卵黄3個分をボウルに入れて泡立て器ですり混ぜ、サラダ油150gを少量ずつ加えてマヨネーズ状にする。

1 舞茸しんじょをつくる。マイタケを適当にほぐして180℃の揚げ油でカリカリになるまで揚げる。取り出して油をしっかりとふき取り、ミキサーにかける。
2 ここにすり身、玉子の素を入れてさらに回してペースト状にする。
3 ライスペーパーに水を吹きつけて、中央に塩、コショウをふった牛肉を敷き、その上に2のしんじょ50gをのせて、春巻き状に包む。
4 刷毛で片栗粉をまぶし、160℃の油でゆっくり揚げる。最後は温度を上げて油をきる。食べやすく切って盛りつける。

椎茸の春巻き

ゆき椿

シイタケを3時間煮て旨みを凝縮させた煮汁をあんにして春巻きの皮で巻いてカリッと揚げた。シイタケもシバエビも大きめに切るのが決め手。

丸網揚

分とく山

甘辛く煮たスッポンを煮凝りにしてネットライスペーパーで包んで揚げた。煮汁が出やすいため、内側をさらに大葉で包んだ。とろりと溶ける煮凝りとライスペーパーのカリッとした食感の対比をつけて。

新玉葱和風春巻き

西麻布 大竹

カリッと揚げた春巻きの皮とトロトロに甘い新玉ネギ。二つの食感の違いを楽しんでいただく。中がかなり熱いので注意を促して提供するといいだろう。

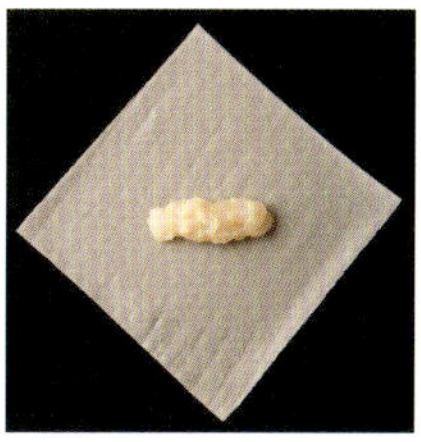

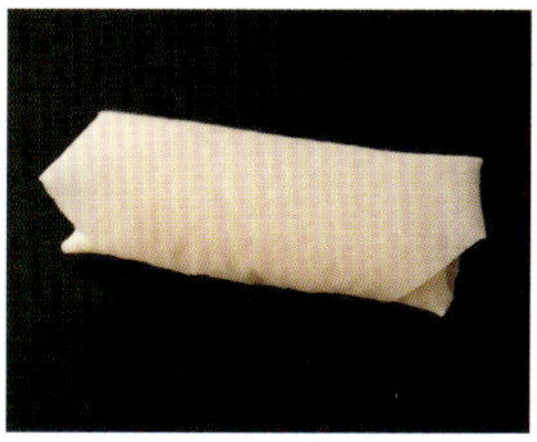

黒湯葉と白子の黒湯葉包み揚げ

おぐら家

白子は鮮度のよいものを選び、くみ上げ湯葉とともにたたいて黒湯葉で巻いた。塩もいいが、天だしがよく合う。

椎茸の春巻き

ゆき椿

温度時間：150℃で3分間
イメージ：春巻きの皮においしそうな揚げ色をつけ、あんをグツグツ熱くする。

春巻きのあん
……シイタケ（大）…1.5個
……シバエビむき身…2尾
……塩、片栗粉
春巻きの皮、揚げ油
溶き芥子

1 春巻きの中に詰めるあんを用意する。シイタケは軸を切って大きめに切る。たっぷりの水で3時間ほどゆでてシイタケの香りを抽出する。

2 **1**のシイタケと大きめのぶつ切りにしたシバエビを中華鍋に入れて、**1**のゆで汁を注ぎ、火にかける。エビに火が通ったら塩で味をつけて、水で溶いた片栗粉を少しずつ加えて濃いめのとろみをつけて冷やしておく。

3 春巻きの皮で**2**のあんを包む。150℃の揚げ油で揚げる。皮に揚げ色がついて、中のあんが熱くなったら取り出して油をきる。溶き芥子を添えて提供。

丸網揚

分とく山

温度時間：170℃で1分間
イメージ：煮凝りが溶け始めるギリギリ程度に火入れをとどめ、提供するまでの余熱で火を入れて、口に入れたときに溶けるように調整する。

春巻きのあん（つくりやすい分量）
……スッポン…1匹（800gサイズ）
……煮汁（日本酒100cc、ミリン60cc、濃口醤油20cc）
……ショウガ（せん切り）
大葉
ネットライスペーパー、卵白、揚げ油

1 スッポンはほどいて60〜70℃の湯に浸けて薄皮をむく。水2リットル（分量外）でスッポンをゆでる。弱火で30〜40分間煮出してスッポンが柔らかくなってスープがとれたらザルに上げて水気をきる。

2 **1**のスッポンの身から骨と余分な脂、スジを取り除いて身をほぐす。なおスープは別の用途で使用できるのでとっておくとよい。

3 **2**のスッポンを再び鍋に移し、煮汁の材料を入れて火にかけて、汁気がほぼなくなるまで煮詰め、せん切りにしたショウガを入れて煮からめ、流し缶に詰めて冷やし固める。

4 **3**を1個15gに切り出して大葉で巻く。ネットライスペーパーを半分に切って巻き、卵白で端を留める。

5 170℃の油に入れて1分間ほど揚げ、煮凝りが溶け出す手前で取り出す。油をきり、盛りつける。

新玉葱和風春巻き

西麻布 大竹

温度時間：175℃で3分間、最後は180℃
イメージ：濃いめに葛でとろみをつけた玉ネギをトロトロに溶かすようなイメージで。色づけないよう高温でサッと。

春巻きのあん
……新玉ネギ（せん切り）…少量
サラダ油…少量
一番だし・淡口醤油・塩…各少量
……葛粉
春巻きの皮、揚げ油

1 新玉ネギを少量のサラダ油で炒める。少し色づくくらいまで炒めたら、一番だし、淡口醤油、塩で味をつける。水で溶いた葛粉を加えて濃度をつける。
2 **1**を絞り袋に入れて冷ます。
3 春巻きの皮に**2**を25gほど絞り出して包む。
4 175℃の揚げ油で3分間ほど揚げる。うっすらと色づいたら取り出して油をきり、器に盛りつける。

黒湯葉と白子の黒湯葉包み揚げ

おぐら家

温度時間：180℃で50秒間
イメージ：高温短時間で揚げて中はトロリと、包んだ湯葉はカリッと仕上げる。

白子ペースト
……くみ上げ黒湯葉
タラ白子
生湯葉シート（黒）
米粉、揚げ油
天だし*

*だし**6**：濃口醤油**1**：ミリン**1**の割で合わせて一煮立ちさせて冷ましたもの。

1 白子ペーストをつくる。白子は塩水（分量外）でサッともんで洗い、適当な大きさに切り分ける。くみ上げ黒湯葉と合わせて包丁でたたいて種とする。
2 生湯葉シートを広げて**1**のペーストを80gのせて春巻きのように包む。
3 **2**に米粉をまぶして、180℃の油で揚げる。外側はカリッと、中はトロッとさせる。写真では切り分けたが、実際は1本そのままで提供する。

鶏肝アボカド揚

分とく山

鶏レバーのくせを和らげるために、アボカドを合わせて食べやすい味に。口に入れたときに、柔らかくほどけるくらいに火を入れるのがコツ。

温度時間：180℃で1分間
イメージ：天ぷら衣にカリッと火を入れる。中の鶏レバーはほんのり温まる程度に。

鶏肝ペースト（つくりやすい分量）
- 鶏レバー…300g
- 塩水（塩分濃度1％）…適量
- 煮汁（だし240cc、水240cc、淡口醤油60cc、日本酒60cc、ミリン60cc）

アボカド…1個
レモン汁…適量
生湯葉シート（平湯葉）、薄力粉、卵白
天ぷら衣（薄力粉60g、卵黄1個分、水100cc）、揚げ油
塩
葛切り（五色）、揚げ油

1 鶏肝ペーストをつくる。鶏レバーはスジを取り除いて塩水に浸けて血抜きをする。水気をきり、熱湯にくぐらせて霜降りする。レバーと煮汁を合わせて火にかけ、80～85℃を保って10分間炊いて火を止める。粗熱がとれたら鶏レバーの汁気をきってすり鉢ですりつぶす。

2 アボカドは切り分け、変色を防ぐためにレモン汁をまぶしておく。

3 生湯葉シートを広げて、刷毛で薄力粉をまぶし、鶏肝ペースト100gとアボカドを並べて、手前から巻き込む。端は卵白で留める。

4 3のまわりに刷毛で薄力粉をまぶし、天ぷら衣にくぐらせて、170℃の揚げ油で揚げる。3等分に切り分けて軽く塩をふって盛りつける。葛切りを素揚げにして添える。

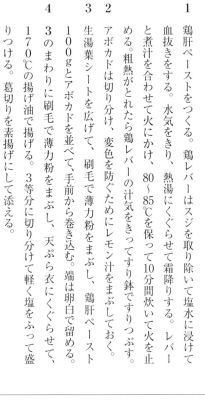

湯葉の春巻き

まめたん

春に出始める数種類の山菜を生湯葉で巻いて揚げた、文字通り「春」を巻いた春巻き。

温度時間：160〜170℃で1分半
イメージ：とろみをつけた山菜が熱くなるように、低温の油で裏返しながらじっくり時間をかける。

春巻きのあん
……コバシラ
山菜（コゴミ、タラノメ、ウド）
煮汁（だし、塩、淡口醤油）、葛粉
……マイクロトマト（赤・黄）
桜葉塩漬け
生湯葉シート、揚げ油、塩
タラノメ、揚げ油、塩

1 コバシラはサッと水洗いして水気をきる。コゴミ、タラノメ、ウドは細かく刻み、吸い地加減に味を調えた煮汁でサッと温めたのち、水で溶いた葛粉でとろみをつける。桜葉塩漬けはサッと水洗いして水気をふく。

2 生湯葉シートを広げ、**1**の桜葉をのせる。葉の上にコバシラ、山菜、マイクロトマトをのせて包む。水で溶いた薄力粉（分量外）で端を留める。

3 **2**の春巻きを160℃の油に入れる。あんが熱くなるように、じっくり時間をかけて揚げる。素揚げなので湯葉がこげないよう注意する。

4 うっすらとキツネ色になったら170℃まで温度を上げて取り出して油をきり、塩をふる。

5 春巻きを器に盛り、素揚げにしたタラノメに塩をふって添える。

俵揚

分とく山

小豆あんに煎ったクルミと煎りゴマを混ぜ、新挽粉をまぶしてカリッと揚げた甘味。温かいと甘さを強く感じるので、控えめに味をつける。

温度時間：160℃で1分間
イメージ：小豆あんをほんわり温めるようなイメージで。新挽粉はこがさないように。

小豆あん（つくりやすい分量）
- 小豆あん…300g
- クルミ…100g
- 煎りゴマ…30g
- ユズの皮（せん切り）…1／2個分

生湯葉シート（平湯葉）
薄力粉、卵白、新挽粉、揚げ油

1 ボウルに小豆あん、クルミ、煎りゴマ、せん切りにしたユズの皮を入れてよく混ぜ合わせる。

2 まな板に生湯葉シートを広げて刷毛で薄力粉をまぶす。1のあん150gを棒状にしてシートの手前におき、手前から巻き込んで端を卵白で留める。

3 2を適当な長さに切り分けて薄力粉をまぶし、目切りした卵白にくぐらせる。まわりに新挽粉をしっかりとつけて、160〜170℃の揚げ油で揚げる。

4 新挽粉がカリッとしたら取り出して、端を切りそろえ、長さ3cmに切り分けて盛りつける。

揚湯葉のミルフィーユ

おぐら家

湯葉をミルフィーユのように重ねて
カスタードクリームをかけたデザート。揚げた湯葉は、
湿気がこもるとしっとりしてしまうので、風干しして冷ます。

温度時間：170℃で5分間
イメージ：水分の多い湯葉はしっかりと脱水してカリカリに軽く。

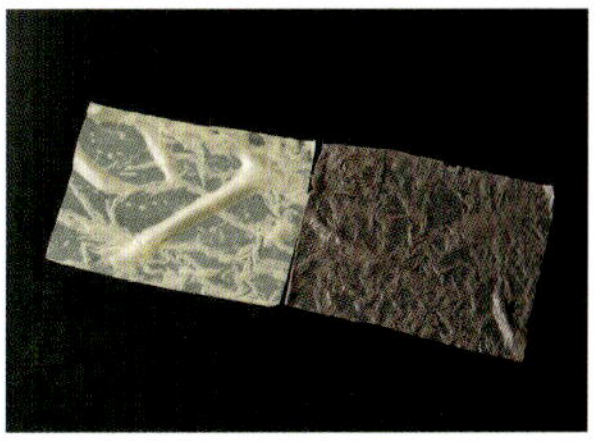

生湯葉シート（白・黒）
揚げ油
カスタードクリーム（つくりやすい分量）
卵黄…3個分
牛乳…800cc
グラニュー糖…80g
薄力粉…20g
バニラビーンズ…少量
ソラマメ蜜煮（ソラマメ、シロップ*）

*グラニュー糖10gを水100ccで溶かしたもの。

1 生湯葉シートは8cm角に切りそろえて、170℃に熱した揚げ油で素揚げする。水分が抜けたら取り出して30分間風干しして冷ます。

2 カスタードクリームをつくる。卵黄、牛乳、グラニュー糖を鍋に入れて泡立て器で混ぜる。グラニュー糖が完全に混ざったら薄力粉とバニラビーンズを加えて火にかけて30分間練る。氷水に鍋をあてて冷ます。

3 ソラマメ蜜煮をつくる。ソラマメは皮をむいて塩水（分量外）でサッとゆでる。グラニュー糖と水を合わせたシロップの中にゆでたソラマメを入れて軽く炊き、鍋ごと氷水に浸けて冷ます。

4 器に白と黒の揚湯葉を重ね、カスタードクリームをかけ、ソラマメ蜜煮を添える。

◎取材店料理長紹介と掲載料理（店名50音順）

楮山

楮山明仁
（かじやま・あきひと）

東京都港区六本木3・4・33
マルマン六本木ビルB1F
Tel 03・5797・7705

1986年鹿児島県生まれ。2006年東京・日比谷の帝国ホテル「天ぷら 天一」に入社する。その後都内の和食店を経て東京・新宿の郷土料理店「くらわんか」で日本料理の基礎を学ぶ。その後「日本料理 龍吟」で1年間修業を積んだのち、東京・代官山のフランス料理店「ル・ジュー・ドゥ・ラシエット」に移ってデザートや肉の焼き方などを習得。2015年6月、28歳で独立。東京・六本木一丁目に「日本料理 楮山」を開店し、現在に至る。全席個室で、日本料理をベースにフランス料理の技法や仕立てを盛り込んだコースを提供。日本料理の素材をフランス料理の技法で仕立てた洋皿のメイン料理が好評。

［掲載料理］

茄子の揚浸しと〆鯖 白胡麻ソース p115
空豆のチュロス p100
鱚の食パンフライ p55
毛蟹のがんもどき 銀杏のすりながし p54
甘鯛のうろこ焼き揚げ p30
稲庭うどん 桜海老瞬間揚げ p60
筍の餅粉揚げ 焼きカラスミ p105
丹波黒どりのコロッケとロースト p17
松葉蟹ぶぶあられ p54
鮎ごぼう巻き p31
スッポンの西京漬揚げ p136
海胆の海苔巻揚げ p163
鯵の紫蘇パン粉揚げ p27
ローストビーフ 揚げ玉子 ちり酢 p144
さつま芋チップス p94

久丹

中島功太郎
（なかしま・こうたろう）

東京都中央区新富2・5・5
新富MSビル1F
Tel 03・5543・0335

1978年福岡県生まれ。地元福岡の割烹店で日本料理の修業を始める。広い世界を見るために24歳でロサンゼルスに渡り、松久信幸氏の「Matsuhisa」に入社。鮨と和風フュージョン料理「NOBU」の前身の店である。帰国後、東京の鮨店「秋月」での修業を経て、2007年東京・元麻布の「かんだ」に入社。同店で10年間修業を積んだのち、2018年、銀座に隣接する東京・新富町に「久丹」を開店。店内はカウンター8席、個室（6、7名）1室。献立はおまかせコースのみ。だしを使った料理が得意で、本書では揚げ出しやあん、炊き込みご飯などだしを使った揚げ物を紹介していただいた。

［掲載料理］

そら豆のフライ p101
スッポンの唐揚げ p133
白魚と八尾若牛蒡のかき揚げ丼 p66
揚げ出し白子 p76
揚げ筍若芽あん p108
蓮根まんじゅう 葱あん p121
スナップエンドウと海老真薯揚げ 蛤と豆のあんかけ p97
和牛揚花山椒あん p129
揚げ胡麻豆腐 p148
げそ天ぷら 生姜あん p36
鮎魚女揚げ煮付け p26
揚げ牛肉と蕗の薹の炊き込みご飯 p132

旬菜 おぐら家

堀内 誠

（ほりうち・まこと）

東京都世田谷区池尻2-31-18
ライム池尻大橋2F
Tel 03-3413-5520

1977年山梨県生まれ。織田調理師専門学校を卒業後、株式会社濱屋に入社。橘俊夫氏に師事し日本料理の修業を始める。その後、東京・天王洲アイルの「橘」「ラピュタ」に移る。13年間の修業を経て、2011年東京・池尻大橋に「旬菜 おぐら家」を開店。2018年8月、道を挟んだ斜め向かいに増床移転した。店内はカウンター席、個室、屋外のテラス席という構成。徳島から直送される魚介類と、山梨から届く野菜を使った料理が人気。コース料理のほかに、一品料理も豊富で、遅い時間帯のお客さまにも対応している。趣味は江戸時代の古い食器収集。健康のために長年ランニングを続けている。

［掲載料理］

鮟鱇の唐揚げ あん肝ソース p35
黒鮑のとろろコロッケ p13
帆立真丈まりも揚げ 浅蜊のクリームソース p82
黒湯葉と白子の黒湯葉包み揚げ p169
生海胆と青さ海苔のライスコロッケ p14
牡蠣と青さ海苔 蓮根揚げ p45
牡蠣と市田柿クリームコロッケ p14
香箱蟹と玉子のコロッケ p14
百合根とモッツアレラチーズ 桜揚げ p120
堀川牛蒡海老真丈揚げ 堀川牛蒡ソース p91
稚鮎とクレソン 春巻き揚げ p162
舞茸真丈 牛肉ネットライスペーパー揚げ p165
ホワイトアスパラ米粉揚げ 黄味酢とからすみ粉がけ p118
とうもろこしと海老真丈 花ズッキーニ包み揚げ p96
丸茄子とトマトとチーズ 揚げ出し p116
牛カツ玄米香煎揚げ 揚げた蕗の薹ソースがけ p129
胡麻とろと無花果 湯葉包み揚げ p165
紅芯大根と青芯大根 豚肉巻き揚げ p104
秋刀魚チーズ巻き揚げ p63
秋刀魚と秋茄子の竜田揚げ 山椒味噌ソース p64
桜海老 しゃぶ餅挟み揚げ p59
揚げ湯葉のミルフィーユ p175
鱧とシャインマスカットと梅干 二種揚げ p72
おぐら家コロッケ p16
蕗の薹コロッケ p17
春キャベツと桜海老コロッケ p15

西麻布 大竹

大竹達也
（おおたけ・たつや）

東京都港区西麻布1・4・23
コア西麻布1F
Tel 03・6459・2833

1982年愛媛県生まれ。大阪・天王寺の辻日本料理マスターカレッジを卒業後、岐阜の「たか田八祥」で10年間日本料理の修業を積む。その後、同店支店の「こがね八祥」「わかみや八祥」の店長を6年間務める。2017年独立して東京・西麻布に「西麻布 大竹」を開店。店内はカウンター8席のほか、個室（4名）が1室。季節の料理10品程度のおまかせコースがメイン。正統な日本料理の流れの中に、シンプルながら工夫が凝らされた料理が組み込まれている。季節のクリームコロッケもその一つ。広く親しまれているコロッケを洗練された味に仕上げるのも「大竹」ならでは。

［掲載料理］

ポルチーニ茸と帆立のクリームコロッケ p16
牡蠣の揚げ浸し p45
鰹のレアフライ たたき風 p51
筍、ピーマン、人参のメンチカツ p16
煮穴子棒寿司 かもじ大葉 p89
太刀魚とそら豆の変わり揚げ p67
新じゃがいものパリパリサラダ p96
筍ご飯 揚げ蛍烏賊 p85
揚げ出し豆腐 毛蟹ネバネバあん掛け p153
カリカリ牛蒡 たれ焼き p93
車海老しんじょのお椀 p41
新玉葱和風春巻き p169
甘鯛のうろこ揚げ p29
鮑胡麻豆腐 肝あん p34
玉蜀黍饅頭照り焼きと黒むつの塩焼き p113

根津たけもと

竹本勝慶
（たけもと・かつのり）

東京都文京区根津2・14・10
B1F
Tel 03・6753・1943

1977年東京生まれ。東京・国立のエコール辻東京を卒業し、帝国ホテルの「東京吉兆」に入社したが、お客さまの顔が見える仕事がしたいと、大塚の名居酒屋「こなから」に移る。同店は料理の旨さと日本酒の品ぞろえで圧倒的な人気を誇る名居酒屋だった（現在閉店）。19年間カウンターに立ち続け、2015年に独立。東京・根津に「根津たけもと」を開店した。〝高級感を出しすぎず、カジュアルすぎない〟というコンセプトのもと、日本酒やワインに合う工夫を凝らした料理が好評を得ている。一品料理が主体だがコースも用意。毎朝豊洲に通い、自ら選んだ魚介を使った料理を中心にそろえている。

［掲載料理］

素揚げ小柱の塩雲丹和え p58
のれそれの利久揚げ p69
蛍烏賊のフリット、サラダ仕立て p84
揚げ筍の木の芽味噌和え p105
揚げ玉とうこぎと野萱草のカラスミ和え p149
蛤の土佐揚げ p71
ハタハタの一夜干しで南蛮漬け p70
鴨ロースの唐揚げとゴーヤの素揚げ、有馬山椒炒め p128
真加治木のオランダ煮 p50
鮎の開き・畳鰯・唐墨・潤目鰯の吹き寄せ仕立て p160
出汁巻玉子の揚げ出し風 p141
揚げおにぎり茶漬け p150
白海老と海胆の磯辺揚げ p40
塩らっきょうの香味揚げ p152
鰹のたたき風 ねぎがり p50

まめたん

秦 直樹
（はた・なおき）

東京都台東区谷中1-2-16
Tel 080-9826-6578

1986年北海道生まれ。札幌の光塩学園調理製菓専門学校に入学し、日本料理を学ぶ。卒業後、東京・紀尾井町の「福田家」に入社し、日本料理の修業を始める。2015年に独立し、東京・谷中に「まめたん」を開店する。昔は豆炭屋だったという古民家の1階を改装した、カウンター7席に小上がり4席というこじんまりとした店で、秦氏が一人で切り盛りする。献立は豊洲から仕入れる魚介を中心にしたコース1本のみ。料理の流れに合わせて日本酒を勧めてくれる。軽妙洒脱な洒落でなごませてくれる暖かい人柄に惹かれて通う常連客も多い。現代作家中心のモダンで個性的な器使いも好評。

［掲載料理］

大浦ごぼうと牛すじ肉 p90
牡蠣 四万十海苔の磯辺揚げ p44
牡蠣ご飯 p48
豚肩ロースのコンフィでとんかつ p137
白子と牛肉の湯葉あんかけ p68
スッポンの揚げパン p137
金目鯛と蕪 蕪のみぞれあん p57
お多福豆蜜煮 桜と抹茶の揚げ饅頭 p146
湯葉の春巻き p173
揚げ葉玉葱と毛蟹の鮪節和え p109
海胆の湯葉天 山菜あん p164
芝海老と竹の子のひろっこ揚げ p40
稚鮎とマイクロハーブのサラダ p32
生麩と根菜の揚げ味噌田楽 p157
細魚と生海胆 新玉あんかけ p62

ゆき椿

市川鉄平
（いちかわ・てっぺい）

東京都杉並区天沼3-12-1 2F
Tel 03-6279-9850

1978年東京生まれ。サラリーマンから転身し、28歳で東京・銀座のスペイン料理店に入社。3年間の修業ののち、恵比寿の割烹店を経て、赤坂の「まるしげ夢葉家」で和食の修業を積む。同店は70席の大型居酒屋で、魚介を中心とした和食ベースの創作料理が主力。この店での5年の修業で、料理を生み出す力とスピーディな仕事を身につけた。家業であった新潟郷土料理店「雪椿」の名をとって東京・荻窪に「ゆき椿」を開店したのが2014年。カウンター席8席、テーブル席12席の料理とサービスを一人で受け持っている。日本料理にとらわれず自由な発想でつくる季節感あふれる酒肴の数々が好評だ。

［掲載料理］

メンチカツ p17
ラムカツ p141
牡蠣クリームコロッケ p15
帆立と百合根のかき揚げ p83
鰤カツ p77
椎茸の春巻き p168
揚げ根菜のサラダ p123
ぬか漬けの天ぷら p156
蕪と鰹の揚げだし p51
とうもろこしのスパイス炒め p112
夏野菜チミチュリソース添え p124
黒豆のコロッケ p15
豚バラとガリのかき揚げ p140
芋けんぴ p95
ベーコンとアスパラの天バラ p157
いしる漬けのイカゲソの唐揚げ p37
蛤と春キャベツのコロッケ p15

蓮

三科 惇
（みしな・じゅん）

1983年神奈川県生まれ。東京・国立のエコール辻東京、大阪の辻調理師専門学校を卒業し、日本料理の基礎を学ぶ。2006年、東京・神楽坂の「石かわ」に入社。石川秀樹氏のもとで日本料理の修業を始める。2008年、同じ石川グループの「虎白」に異動。翌年新規オープンした「蓮」に移る。2018年「蓮」の銀座移転にともない、同店の店主を務める。銀座という場所柄、カウンター7席のほかに個室(6名×2室)も用意。銀座という大舞台で、三科氏をはじめ若いスタッフが店を切り盛りしている。本書では店名「蓮」にちなんで、レンコンを使った揚げ物を紹介していただいた。

東京都中央区銀座7・3・13
ニューギンザビル1F・B1F
Tel 03・6265・0177

［掲載料理］

蟹のパン粉揚げ　p14
河豚の唐揚げ　p76
海老芋のお椀　p88
堀川牛蒡に叩いた鴨肉を詰めて　p92
甘鯛と九条葱の南蛮　p28
筍白扇揚げ　p104
白魚の俵揚げおろし酢がけ　p65
そら豆饅頭衣揚げ　p101
スッポンのかき揚げ　p136
稚鮎の素麺　p33
鱧の薄衣揚げ 玉ネギポン酢　p73
桜海老の炊き込みご飯　p61
万願寺唐辛子射込み揚げ　p119
蓮根揚げだし　p121
新玉葱の炭焼き　p108
伊勢海老の煮おろし　p38

分とく山

阿南優貴
（あなん・ゆうき）

1984年福岡県久留米市生まれ。福岡・中村調理製菓専門学校を卒業。卒業後「分とく山」に入社して、追いまわしから始めて15年間修業を重ね、2018年、隣接する土地に建った新築ビルへの本店移転にともない、本店料理長に就任する。同店総料理長の野崎洋光氏の教えのもと、日本料理の基本に則ったうえで、時代に合った調理法を実践している。スタッフを束ね、名声店を引き継いでいくという、難しいけれどやりがいのある目標に向かって日々邁進している。本書では、白玉団子や牛タンなどこれまであまり揚げ物に使わないような素材で、前菜盛り合せ、強肴などにも役立つ揚げ物をつくっていただいた。

東京都港区南麻布5・1・5
Tel 03・5789・3838

［掲載料理］

蛤道明寺揚 磯香あん掛　p72
帆立馬鈴薯桜揚　p81
子持ち昆布葱衣揚　p151
帆立飛龍頭 天つゆ　p80
牡蠣香煎揚　p44
丸網揚　p168
唐墨羽二重揚　p147
鶏肝アボカド揚　p172
揚白玉酒盗のせ　p152
福寿草揚　p117
俵揚　p174
麦藁揚　p164
豚蓬麩巻　p140
牛舌若草揚　p133
新玉葱縮緬揚　p109
煎餅三種 玉蜀黍、海苔、海老　p125
翡翠茄子二身揚　p114
蕎麦豆腐べっ甲あん掛　p153
海老銀杏餅揚　p39

◎材料別料理索引（50音順）

［ア］
アイナメ　鮎魚女揚げ煮付け（久丹）　２６
アサツキ　芝海老と竹の子のひろっこ揚げ（まめたん）　４０／４２
海胆の湯葉天 山菜あん（まめたん）　１６４／１６６
アサリ　帆立真丈 まりも揚げ 浅蜊のクリームソース（おぐら家）　８２
アジ　鯵の紫蘇パン粉揚げ（楮山）　２７
アズキアン　俵揚（分とく山）　１７４
アスパラガス　真加治木のオランダ煮（根津たけもと）　５０／５２
筍の餅粉揚げ 焼きカラスミ（楮山）　１０５／１０７
ホワイトアスパラ米粉揚げ 黄味酢とからすみ粉がけ（おぐら家）　１１８
ベーコンとアスパラの天バラ（ゆき椿）　１５７／１５９
アナゴ　煮穴子棒寿司 かもじ大葉（西麻布 大竹）　８９
万願寺唐辛子射込み揚げ（蓮）　１１９
アボカド　鶏肝アボカド揚（分とく山）　１７２
アマダイ　甘鯛と九条葱の南蛮（蓮）　２８
甘鯛うろこ揚げ（西麻布 大竹）　２９
甘鯛のうろこ焼き揚げ（楮山）　３０
アユ　鮎ごぼう巻き（楮山）　３１
稚鮎とマイクロハーブのサラダ（まめたん）　３２
稚鮎の素麺（蓮）　３３
鮎の開き・畳鰯・唐墨・潤目鰯の吹き寄せ仕立て（根津たけもと）　１６０
稚鮎とクレソン 春巻き揚げ（おぐら家）　１６２
アワビ　黒鮑のとろろコロッケ（おぐら家）　１３／１９
鮑胡麻豆腐 肝あん（西麻布 大竹）　３４
アンキモ　鮟鱇の唐揚げ あん肝ソース（おぐら家）　３５
アンコウ　鮟鱇の唐揚げ あん肝ソース（おぐら家）　３５

［イ］
イカ　げそ天ぷら 生姜あん（久丹）　３６
いしる漬けのイカゲソの唐揚げ（ゆき椿）　３７
イクラ　茄子の揚浸しと〆鯖 白胡麻ソース（楮山）　１１５
揚白玉酒盗のせ（分とく山）　１５２／１５４
イシル　いしる漬けのイカゲソの唐揚げ（ゆき椿）　３７
イセエビ　伊勢海老の煮おろし（蓮）　３８
イチジク　胡麻とろと無花果 湯葉包み揚げ（おぐら家）　１６５／１６７

［ウ］
ウコギ　揚げ玉とうこぎと野萱草のカラスミ和え（根津たけもと）　１４９
ウド　海胆の湯葉天 山菜あん（まめたん）　１６４／１６６
湯葉の春巻き（まめたん）　１７３
ウドン　稲庭うどん 桜海老瞬間揚げ（楮山）　６０
ウニ　生海胆と青さ海苔のライスコロッケ（おぐら家）　１４／１９
白海老と海胆の磯辺揚げ（根津たけもと）　４０／４２
素揚げ小柱の塩雲丹和え（根津たけもと）　５８
細魚と生海胆 新玉あんかけ（まめたん）　６２
海胆の海苔巻揚げ（楮山）　１６３
海胆の湯葉天 山菜あん（まめたん）　１６４／１６６
ウメボシ　鱧とシャインマスカットと梅干 二種揚げ（おぐら家）　７２／７４
ウルイ　海胆の湯葉天 山菜あん（まめたん）　１６４／１６６
ウルメイワシ　鮎の開き・畳鰯・唐墨・潤目鰯の吹き寄せ仕立て（根津たけもと）　１６０

［エ］
エビ　海老銀杏餅揚（分とく山）　３９
芝海老と竹の子のひろっこ揚げ（まめたん）　４０／４２
白海老と海胆の磯辺揚げ（根津たけもと）　４０／４２
車海老しんじょのお椀（西麻布 大竹）　４１／４３
堀川牛蒡 海老真丈揚げ 堀川牛蒡ソース（おぐら家）　９１
とうもろこしと海老真丈 花ズッキーニ包み揚げ（おぐら家）　９６／９８
スナップエンドウと海老真薯揚げ 蛤と豆のあんかけ（久丹）　９７／９９
そら豆のフライ（久丹）　１０１／１０３
煎餅三種 玉蜀黍、海苔、海老（分とく山）　１２５／１２６
麦藁揚（分とく山）　１６４／１６６
椎茸の春巻き（ゆき椿）　１６８／１７０
エビイモ　海老芋のお椀（蓮）　８８
エンドウマメ　蛍烏賊のフリット、サラダ仕立て（根津たけもと）　８４

［オ］
オオバ　鯵の紫蘇パン粉揚げ（楮山）　２７
鱚の食パンフライ（楮山）　５５
秋刀魚チーズ巻き揚げ（おぐら家）　６３
帆立真丈 まりも揚げ 浅蜊のクリームソース（おぐら家）　８２
煮穴子棒寿司 かもじ大葉（西麻布 大竹）　８９

新じゃがいものパリパリサラダ（西麻布 大竹） 96／98

オクラ 海胆の海苔巻揚げ（椿山） 163
丸網揚（分とく山） 168／170
夏野菜 チミチュリソース添え（ゆき椿） 124
揚げ出し豆腐 毛蟹ネバネバあん掛け（西麻布 大竹） 153／155

オタフクマメ お多福豆蜜煮桜と抹茶の揚げ饅頭（まめたん） 146

［カ］

カキ 牡蠣と市田柿 クリームコロッケ（おぐら家） 14／20
牡蠣クリームコロッケ（ゆき椿） 15／20
牡蠣香煎揚（分とく山） 44／46
牡蠣 四万十海苔の磯辺揚げ（まめたん） 44／46
牡蠣と青さ海苔 蓮根揚げ（おぐら家） 45／47
牡蠣の揚げ浸し（西麻布 大竹） 45／47
牡蠣ご飯（まめたん） 48／49

カジキ 真加治木のオランダ煮（根津たけもと） 50／52

カスタードクリーム 揚湯葉のミルフィーユ（おぐら家） 175

カツオ 鰹のたたき風 ねぎがり（根津たけもと） 50／52
蕪と鰹の揚げだし（ゆき椿） 51／53
鰹のレアフライ たたき風（西麻布 大竹） 51／53

カニ 蟹のパン粉揚げ（蓮） 14／20
松葉蟹ぶぶあられ（椿山） 54／56
毛蟹のがんもどき 銀杏のすりながし（椿山） 54／56
揚げ葉玉葱と毛蟹の鮪節和え（まめたん） 109／111
揚げ出し豆腐 毛蟹ネバネバあん掛け（西麻布 大竹） 153／155

カブ 蕪と鰹の揚げだし（ゆき椿） 51／53
金目鯛と蕪 蕪のみぞれあん（まめたん） 57
生麩と根菜の揚げ味噌田楽（まめたん） 157／159

カモニク 堀川牛蒡に叩いた鴨肉を詰めて（蓮） 92
鴨ロースの唐揚げとゴーヤの素揚げ、有馬山椒炒め（根津たけもと） 128／130

カラスミ 筍の餅粉揚げ 焼きカラスミ（椿山） 105／107
ホワイトアスパラ米粉揚げ 黄味酢とからすみ粉がけ（おぐら家） 118
唐墨羽二重揚（分とく山） 147
揚げ玉とうこぎと野萱草のカラスミ和え（根津たけもと） 149
揚白玉酒盗のせ（分とく山） 152／154
鮎の開き・畳鰯・唐墨・潤目鰯の吹き寄せ仕立て（根津たけもと） 160

カリフローレ 揚げ野菜のサラダ（ゆき椿） 123

［キ］

キクラゲ 鮎ごぼう巻き（椿山） 31
帆立飛龍頭 天つゆ（分とく山） 80
揚げ出し豆腐 毛蟹ネバネバあん掛け（西麻布 大竹） 153／155

キス 鱚の食パンフライ（椿山） 55

キナコ さつま芋チップス（椿山） 94

キノメミソ 揚げ筍の木の芽味噌和え（根津たけもと） 105／107

キミズ ホワイトアスパラ米粉揚げ 黄味酢とからすみ粉がけ（おぐら家） 118

キャベツ 蛤と春キャベツのコロッケ（ゆき椿） 15／21
春キャベツと桜海老コロッケ（おぐら家） 15／21
生麩と根菜の揚げ味噌田楽（まめたん） 157／159

ギュウニク 筍、ピーマン、人参のメンチカツ（西麻布 大竹） 16／23
白子と牛肉の湯葉あんかけ（まめたん） 68
大浦ごぼうと牛すじ肉（まめたん） 90
牛カツ玄米香煎揚げ 揚げた蕗の薹ソースがけ（おぐら家） 129／131
和牛揚花山椒あん（久丹） 129／131
揚げ牛肉と蕗の薹の炊き込みご飯（久丹） 132／134
牛舌若草揚（分とく山） 133／135
ローストビーフ 揚げ玉子 ちり酢（椿山） 144
舞茸真丈 牛肉 ネットライスペーパー揚げ（おぐら家） 165／167

キュウリ 鯵の紫蘇パン粉揚げ（椿山） 27
新じゃがいものパリパリサラダ（西麻布 大竹） 96／98

ギンアン 揚げ出し豆腐 毛蟹ネバネバあん掛け（西麻布 大竹） 153／155

ギンナン 海老銀杏餅揚（分とく山） 39
毛蟹のがんもどき 銀杏のすりながし（椿山） 54／56
鮎の開き・畳鰯・唐墨・潤目鰯の吹き寄せ仕立て（根津たけもと） 160

キンメダイ 金目鯛と蕪 蕪のみぞれあん（まめたん） 57

［ク］

クジョウネギ 甘鯛と九条葱の南蛮（蓮） 28
蓮根まんじゅう 葱あん（久丹） 121／122

クルミ 俵揚（分とく山） 174

クレソン 稚鮎とクレソン 春巻き揚げ（おぐら家） 162
クロマメ 黒豆のコロッケ（ゆき椿） 15／22
クロムツ 玉蜀黍饅頭照り焼きと黒むつの塩焼き （西麻布 大竹） 113

［コ］

コウバコガニ 香箱蟹と玉子のコロッケ （おぐら家） 14／19
ゴーヤ 鴨ロースの唐揚げとゴーヤの素揚げ、有馬山椒炒め（根津たけもと） 128／130
コゴミ 湯葉の春巻き（まめたん） 173
コバシラ 素揚げ小柱の塩雲丹和え（根津たけもと） 58
ゴボウ 湯葉の春巻き（まめたん） 173
鮎ごぼう巻き（椿山） 31
白魚と八尾若牛蒡のかき揚げ丼（久丹） 66
大浦ごぼうと牛すじ肉（まめたん） 90
堀川牛蒡 海老真丈揚げ 堀川牛蒡ソース （おぐら家） 91
堀川牛蒡に叩いた鴨肉を詰めて（蓮） 92
カリカリ牛蒡 たれ焼き（西麻布 大竹） 93
揚げ野菜のサラダ（ゆき椿） 123
ゴマ 鮑胡麻豆腐 肝あん（西麻布 大竹） 34
のれそれの利久揚げ（根津たけもと） 69
茄子の揚浸しと〆鯖 白胡麻ソース（椿山） 115
唐墨羽二重揚（分とく山） 147
揚げ胡麻豆腐（久丹） 148
胡麻とろと無花果 湯葉包み揚げ（おぐら家） 165／167
俵揚（分とく山） 174
小麦粉 揚げ玉とうこぎと野萱草のカラスミ和え （根津たけもと） 149
コメ 生海胆と青さ海苔のライスコロッケ（おぐら家） 14／19
牡蠣ご飯（まめたん） 48／49
桜海老の炊き込みご飯（蓮） 61
白魚と八尾若牛蒡のかき揚げ丼（久丹） 66
筍ご飯 揚げ蛍烏賊（西麻布 大竹） 85
煮穴子棒寿司 かもじ大葉（西麻布 大竹） 89
揚げ牛肉と蕗の薹の炊き込みご飯（久丹） 132／134
揚げおにぎり茶漬け（根津たけもと） 150
ベーコンとアスパラの天バラ（ゆき椿） 157／159
コモチコンブ 子持ち昆布葱衣揚（分とく山） 151

［サ］

サクラエビ 春キャベツと桜海老コロッケ（おぐら家） 15／21
桜海老 しゃぶ餅挟み揚げ（おぐら家） 59
稲庭うどん 桜海老瞬間揚げ（椿山） 60
桜海老の炊き込みご飯（蓮） 61
サクラノハ 帆立馬鈴薯桜揚（分とく山） 81
お多福豆蜜煮桜と抹茶の揚げ饅頭（まめたん） 146
サクラノハナ 湯葉の春巻き（まめたん） 173
お多福豆蜜煮桜と抹茶の揚げ饅頭（まめたん） 146
サクラミソ 蕗の薹コロッケ（おぐら家） 17／23
秋刀魚と秋茄子竜田揚げ 山椒味噌ソース （おぐら家） 64
生麩と根菜の揚げ味噌田楽（まめたん） 157／159
サツマイモ さつま芋チップス（椿山） 94
芋けんぴ（ゆき椿） 95
サバ 茄子の揚浸しと〆鯖 白胡麻ソース（椿山） 115
サヨリ 細魚と生海胆 新玉あんかけ（まめたん） 62
サンショウミソ 蕗の薹コロッケ（おぐら家） 17／23
秋刀魚と秋茄子竜田揚げ 山椒味噌ソース （おぐら家） 64
サンマ 秋刀魚チーズ巻き揚げ（おぐら家） 63
秋刀魚と秋茄子竜田揚げ 山椒味噌ソース （おぐら家） 64

［シ］

シイタケ 麦藁揚（分とく山） 164／166
椎茸の春巻き（ゆき椿） 168／170
シオウニ 素揚げ小柱の塩雲丹和え（根津たけもと） 58
シシトウ 唐墨羽二重揚（分とく山） 147
ジャガイモ 春キャベツと桜海老コロッケ（おぐら家） 15／21
帆立馬鈴薯桜揚（分とく山） 81
蛍烏賊のフリット、サラダ仕立て （根津たけもと） 84
新じゃがいものパリパリサラダ （西麻布 大竹） 96／98
シュトウ 揚白玉酒盗のせ（分とく山） 152／154
ショウガ げそ天ぷら 生姜あん（久丹） 36
鰹のたたき風 ねぎがり（根津たけもと） 50／52
スッポンの揚げパン（まめたん） 137／139
豚バラとガリのかき揚げ（ゆき椿） 140／142
ショウゴインカブ 丸網揚（分とく山） 168／170
揚げ出し白子（久丹） 76／78
シラウオ 白魚の俵揚げおろし酢がけ（蓮） 65
白魚と八尾若牛蒡のかき揚げ丼（久丹） 66
シラタマコ 海老銀杏餅揚（分とく山） 39
揚白玉酒盗のせ（分とく山） 152／154

[ス]
スグキヅケ　牡蠣ご飯（まめたん）　48／49
ズッキーニ　とうもろこしと海老真丈 花ズッキーニ包み揚げ（おぐら家）　96／98
夏野菜 チミチュリソース添え（ゆき椿）　124
スッポン　スッポンの唐揚げ（久丹）　133／135
スッポンの西京漬揚げ（楮山）　136／138
スッポンのかき揚げ（蓮）　136／138
スッポンの揚げパン（まめたん）　137／139
丸網揚（分とく山）　168／170
スナップエンドウ　スナップエンドウと海老真薯揚げ 蛤と豆のあんかけ（久丹）　97／99
スリミ　蟹のパン粉揚げ（蓮）　14／20
芝海老と竹の子のひろっこ揚げ（まめたん）　40／42
車海老しんじょのお椀（西麻布 大竹）　41／43
桜海老 しゃぶ餅挟み揚げ（おぐら家）　59
帆立真丈 まりも揚げ 浅蜊のクリームソース（おぐら家）　82
堀川牛蒡 海老真丈揚げ 堀川牛蒡ソース（おぐら家）　91
翡翠茄子二身揚（分とく山）　114
稚鮎とクレソン 春巻き揚げ（おぐら家）　162
麦藁揚（分とく山）　164／166
舞茸真丈 牛肉 ネットライスペーパー揚げ（おぐら家）　165／167
[ソ]
ソウメン　稚鮎の素麺（蓮）　33
ソバコ　蕎麦豆腐 べっ甲あん掛（分とく山）　153／155
ソラマメ　太刀魚とそら豆の変わり揚げ（西麻布 大竹）　67
そら豆饅頭衣揚げ（蓮）　101／102
そら豆のフライ（久丹）　101／103
空豆のチュロス（楮山）　100／102
揚湯葉のミルフィーユ（おぐら家）　175
[タ]
ダイコン　伊勢海老の煮おろし（蓮）　38
白魚の俵揚げおろし酢がけ（蓮）　65
鰤カツ（ゆき椿）　77／79
新じゃがいものパリパリサラダ（西麻布 大竹）　96／98
紅芯大根と青芯大根 豚肉巻揚げ（おぐら家）　104／106
揚げ野菜のサラダ（ゆき椿）　123
ダイトクジナットウ　太刀魚とそら豆の変わり揚げ（西麻布 大竹）　67
タケノコ　筍、ピーマン、人参のメンチカツ（西麻布 大竹）　16／23
芝海老と竹の子のひろっこ揚げ（まめたん）　40／42
蛍烏賊のフリット、サラダ仕立て（根津たけもと）　84
筍ご飯 揚げ蛍烏賊（西麻布 大竹）　85
筍白扇揚げ（蓮）　104／106
筍の餅粉揚げ 焼きカラスミ（楮山）　105／107
揚げ筍の木の芽味噌和え（根津たけもと）　105／107
揚げ筍若芽あん（久丹）　108／110
ダシ　甘鯛と九条葱の南蛮（蓮）　28
稚鮎の素麺（蓮）　33
げそ天ぷら 生姜あん（久丹）　36
伊勢海老の煮おろし（蓮）　38
車海老しんじょのお椀（西麻布 大竹）　41／43
牡蠣の揚げ浸し（西麻布 大竹）　45／47
真加治木のオランダ煮（根津たけもと）　50／52
蕪と鰹の揚げだし（ゆき椿）　51／53
毛蟹のがんもどき 銀杏のすりながし（楮山）　54／56
金目鯛と蕪 蕪のみぞれあん（まめたん）　57
ハタハタの一夜干しで南蛮漬け（根津たけもと）　70
揚げ出し白子（久丹）　76／78
海老芋のお椀（蓮）　88
丸茄子とトマトとチーズ揚げ出し（おぐら家）　116
出汁巻玉子の揚げ出し風（根津たけもと）　141／143
揚げ胡麻豆腐（久丹）　148
揚げおにぎり茶漬け（根津たけもと）　150
麦藁揚（分とく山）　164／166
タタミイワシ　鮎の開き・畳鰯・唐墨・潤目鰯の吹き寄せ仕立て（根津たけもと）　160
タチウオ　太刀魚とそら豆の変わり揚げ（西麻布 大竹）　67
タマゴ　香箱蟹と玉子のコロッケ（おぐら家）　14／19
メンチカツ（ゆき椿）　17／23
松葉蟹ぶぶあられ（楮山）　54／56
出汁巻玉子の揚げ出し風（根津たけもと）　141／143
ローストビーフ 揚げ玉子 ちり酢（楮山）　144
タマゴノモト　蟹のパン粉揚げ（蓮）　14／20
桜海老 しゃぶ餅挟み揚げ（おぐら家）　59
帆立真丈 まりも揚げ 浅蜊のクリームソース（おぐら家）　82
そら豆のフライ（久丹）　101／103

タマネギ
舞茸真丈 牛肉 ネットライスペーパー揚げ（おぐら家） 165／167
おぐら家コロッケ（おぐら家） 16／22
蕗の薹コロッケ（おぐら家） 17／23
メンチカツ（ゆき椿） 17／23
鯵の紫蘇パン粉揚げ（椿山） 27
細魚と生海胆 新玉あんかけ（まめたん） 62
鱧の薄衣揚げ 玉ネギポン酢（蓮） 73／75
蛍烏賊のフリット、サラダ仕立て（根津たけもと） 84
そら豆のフライ（久丹） 101／103
新玉葱の炭焼き（蓮） 108／110
新玉葱縮緬揚（分とく山） 109／111
揚げ葉玉葱と毛蟹の鮪節和え（まめたん） 109／111
スッポンの揚げパン（まめたん） 137／139
ローストビーフ 揚げ玉子 ちり酢（椿山） 144
新玉葱和風春巻き（西麻布 大竹） 169／171

タラシラコ
白子と牛肉の湯葉あんかけ（まめたん） 68
黒湯葉と白子の黒湯葉包み揚げ（おぐら家） 169／171

タラノメ
海胆の湯葉天 山菜あん（まめたん） 164／166
湯葉の春巻き（まめたん） 173

［チ］

チーズ
秋刀魚チーズ巻き揚げ（おぐら家） 63
丸茄子とトマトとチーズ揚げ出し（おぐら家） 116
福寿草揚（分とく山） 117
百合根とモッツァレラチーズ 桜揚げ（おぐら家） 120

チリズ
ローストビーフ 揚げ玉子 ちり酢（椿山） 144

チリメンジャコ
新玉葱縮緬揚（分とく山） 109／111

［ツ］

ツクネイモ
毛蟹のがんもどき 銀杏のすりながし（椿山） 54／56

［テ］

デンガクミソ
生麩と根菜の揚げ味噌田楽（まめたん） 157／159

［ト］

トウニュウ
蕎麦豆腐 べっ甲あん掛（分とく山） 153／155

トウフ
鮎ごぼう巻き（椿山） 31
毛蟹のがんもどき 銀杏のすりながし（椿山） 54／56
帆立飛龍頭 天つゆ（分とく山） 80
揚げ出し豆腐 毛蟹ネバネバあん掛け（西麻布 大竹） 153／155

トウモロコシ
とうもろこしと海老真丈 花ズッキーニ包み揚げ（おぐら家） 96／98
とうもろこしのスパイス炒め（ゆき椿） 112
玉蜀黍饅頭照り焼きと黒むつの塩焼き（西麻布 大竹） 113
煎餅三種 玉蜀黍、海苔、海老（分とく山） 125／126
海胆の海苔巻揚げ（椿山） 163

トマト
鯵の紫蘇パン粉揚げ（椿山） 27
蛍烏賊のフリット、サラダ仕立て（根津たけもと） 84
丸茄子とトマトとチーズ揚げ出し（おぐら家） 116
夏野菜 チミチュリソース添え（ゆき椿） 124

トマトソース
牡蠣と市田柿 クリームコロッケ（おぐら家） 14／20

トリニク
おぐら家コロッケ（おぐら家） 16／22
蕗の薹コロッケ（おぐら家） 17／23
丹波黒どりのコロッケとロースト（椿山） 17／24
鶏肝アボカド揚（分とく山） 172

［ナ］

ナガイモ
黒鮑のとろろコロッケ（おぐら家） 13／19
おぐら家コロッケ（おぐら家） 16／22
蕗の薹コロッケ（おぐら家） 17／23

ナガネギ
鰹のたたき風 ねぎがり（根津たけもと） 50／52
スッポンの西京漬揚げ（椿山） 136／138

ナス
秋刀魚と秋茄子竜田揚げ 山椒味噌ソース（おぐら家） 64
翡翠茄子二身揚（分とく山） 114
茄子の揚浸しと〆鯖 白胡麻ソース（椿山） 115
夏野菜 チミチュリソース添え（ゆき椿） 124

ナノハナ
蛤の土佐揚げ（根津たけもと） 71

ナンバンジ
甘鯛と九条葱の南蛮（蓮） 28
ハタハタの一夜干しで南蛮漬け（根津たけもと） 70

［ニ］

ニンジン
筍、ピーマン、人参のメンチカツ（西麻布 大竹） 16／23
丹波黒どりのコロッケとロースト（椿山） 17／24
帆立飛龍頭 天つゆ（分とく山） 80
新じゃがいものパリパリサラダ（西麻布 大竹） 96／98
生麩と根菜の揚げ味噌田楽（まめたん） 157／159

[ヌ]
ヌカヅケ　ぬか漬けの天ぷら（ゆき椿）　１５６／１５８

[ネ]
ネット ライス ペーパー　海胆の海苔巻揚げ（椿山）　１６３
麦藁揚（分とく山）　１６４／１６６
舞茸真丈 牛肉ネットライスペーパー揚げ（おぐら家）　１６５／１６７
丸網揚（分とく山）　１６８／１７０

[ノ]
ノカンゾウ　揚げ玉とうこぎと野萱草のカラスミ和え（根津たけもと）　１４９
ノリ　生海胆と青さ海苔のライスコロッケ（おぐら家）　１４／１９
白海老と海胆の磯辺揚げ（根津たけもと）　４０／４２
牡蠣 四万十海苔の磯辺揚げ（まめたん）　４４／４６
牡蠣と青さ海苔 蓮根揚げ（おぐら家）　４５／４７
蛤道明寺揚　磯香あん掛（分とく山）　７２／７４
煎餅三種 玉蜀黍、海苔、海老（分とく山）　１２５／１２６
唐墨羽二重揚（分とく山）　１４７
塩らっきょうの香水揚げ（根津たけもと）　１５２／１５４
鮎の開き・畳鰯・唐墨・潤目鰯の吹き寄せ仕立て（根津たけもと）　１６０
海胆の海苔巻揚げ（椿山）　１６３
ノレソレ　のれそれの利久揚げ（根津たけもと）　６９

[ハ]
ハーブ・スパイス　稚鮎とマイクロハーブのサラダ（まめたん）　３２
鱚の食パンフライ（椿山）　５５
芋けんぴ（ゆき椿）　９５
とうもろこしのスパイス炒め（ゆき椿）　１１２
夏野菜 チミチュリソース添え（ゆき椿）　１２４
ラムカツ（ゆき椿）　１４１／１４３
ハクサイ　スッポンの揚げパン（まめたん）　１３７／１３９
ハタハタ　ハタハタの一夜干しで南蛮漬け（根津たけもと）　７０
ハナザンショウ　和牛揚花山椒あん（久丹）　１２９／１３１
ハマグリ　蛤と春キャベツのコロッケ（ゆき椿）　１５／２１
蛤の土佐揚げ（根津たけもと）　７１
蛤道明寺揚　磯香あん掛（分とく山）　７２／７４
スナップエンドウと海老真薯揚げ 蛤と豆のあんかけ（久丹）　９７／９９
ハモ　鱧とシャインマスカットと梅干 二種揚げ（おぐら家）　７２／７４
鱧の薄衣揚げ 玉ネギポン酢（蓮）　７３／７５
ハルマキノカワ　稚鮎とクレソン 春巻き揚げ（おぐら家）　１６２
椎茸の春巻き（ゆき椿）　１６８／１７０
新玉葱和風春巻き（西麻布 大竹）　１６９／１７１
パン　鱚の食パンフライ（椿山）　５５
スッポンの揚げパン（まめたん）　１３７／１３９

[ヒ]
ピーマン　筍、ピーマン、人参のメンチカツ（西麻布 大竹）　１６／２３

[フ]
フ　真加治木のオランダ煮（根津たけもと）　５０／５２
豚蓬麩巻（分とく山）　１４０／１４２
生麩と根菜の揚げ味噌田楽（まめたん）　１５７／１５９
フキノトウ　蕗の薹コロッケ（おぐら家）　１７／２３
福寿草揚（分とく山）　１１７
牛カツ玄米香煎揚げ 揚げた蕗の薹ソースがけ（おぐら家）　１２９／１３１
揚げ牛肉と蕗の薹の炊き込みご飯（久丹）　１３２／１３４
フグ　河豚の唐揚げ（蓮）　７６／７８
フグシラコ　揚げ出し白子（久丹）　７６／７８
ブタニク　メンチカツ（ゆき椿）　１７／２３
紅芯大根と青芯大根 豚肉巻揚げ（おぐら家）　１０４／１０６
豚肩ロースのコンフィでとんかつ（まめたん）　１３７／１３９
豚蓬麩巻（分とく山）　１４０／１４２
豚バラとガリのかき揚げ（ゆき椿）　１４０／１４２
ブドウ　鱧とシャインマスカットと梅干 二種揚げ（おぐら家）　７２／７４
ブリ　鰤カツ（ゆき椿）　７７／７９

[ヘ]
ベーコン　ベーコンとアスパラの天バラ（ゆき椿）　１５７／１５９
ベシャメルソース　牡蠣と市田柿 クリームコロッケ（おぐら家）　１４／２０
牡蠣クリームコロッケ（ゆき椿）　１５／２０
ポルチーニ茸と帆立のクリームコロッケ（西麻布 大竹）　１６／２２
ベッコウアン　筍、ピーマン、人参のメンチカツ（西麻布 大竹）　１６／２３
蕎麦豆腐 べっ甲あん掛（分とく山）　１５３／１５５
胡麻とろと無花果 湯葉包み揚げ（おぐら家）　１６５／１６７

[ホ]
ホウレンソウ　牛舌若草揚（分とく山）　133／135
ホシガキ　牡蠣と市田柿 クリームコロッケ（おぐら家）　14／20
ホタテガイ　ポルチーニ茸と帆立のクリームコロッケ（西麻布 大竹）　16／22
毛蟹のがんもどき 銀杏のすりながし（楮山）　54／56
帆立飛龍頭　天つゆ（分とく山）　80
帆立馬鈴薯桜揚（分とく山）　81
帆立真丈 まりも揚げ 浅蜊のクリームソース（おぐら家）　82
帆立と百合根のかき揚げ（ゆき椿）　83
ホタルイカ　蛍烏賊のフリット、サラダ仕立て（根津たけもと）　84
筍ご飯 揚げ蛍烏賊（西麻布 大竹）　85
ポルチーニ　ポルチーニ茸と帆立のクリームコロッケ（西麻布 大竹）　16／22
ホワイトアスパラ　筍の餅粉揚げ 焼きカラスミ（楮山）　105／107
ホワイトアスパラ米粉揚げ 黄味酢とからすみ粉がけ（おぐら家）　118
ポンズ　鰹のたたき風 ねぎがり（根津たけもと）　50／52
鰹のレアフライ たたき風（西麻布 大竹）　51／53
鱧の薄衣揚げ 玉ネギポン酢（蓮）　73／75

[マ]
マイクロトマト　湯葉の春巻き（まめたん）　173
マイタケ　舞茸真丈 牛肉 ネットライスペーパー揚げ（おぐら家）　165／167
マグロブシ　蛤の土佐揚げ（根津たけもと）　71
揚げ葉玉葱と毛蟹の鮪節和え（まめたん）　109／111
マッチャ　お多福豆蜜煮桜と抹茶の揚げ饅頭（まめたん）　146
マンガンジトウガラシ　万願寺唐辛子射込み揚げ（蓮）　119

[ミ]
ミツバ　牡蠣と青さ海苔 蓮根揚げ（おぐら家）　45／47
筍ご飯 揚げ蛍烏賊（西麻布 大竹）　85
スッポンのかき揚げ（蓮）　136／138
ミョウガ　新じゃがいものパリパリサラダ（西麻布 大竹）　96／98

[メ]
メキャベツ　揚げ野菜のサラダ（ゆき椿）　123
メネギ　ローストビーフ 揚げ玉子 ちり酢（楮山）　144

[モ]
モチ　桜海老 しゃぶ餅挟み揚げ（おぐら家）　59
唐墨羽二重揚（分とく山）　147

[ヤ]
ヤマイモ　帆立飛龍頭　天つゆ（分とく山）　80
ヤマトイモ　百合根とモッツァレラチーズ 桜揚げ（おぐら家）　120
ヤングコーン　麦藁揚（分とく山）　164／166

[ユ]
ユズノカワ　俵揚（分とく山）　174
ユバ　海胆の湯葉天 山菜あん（まめたん）　164／166
胡麻とろと無花果 湯葉包み揚げ（おぐら家）　165／167
黒湯葉と白子の黒湯葉包み揚げ（おぐら家）　169／171
鶏肝アボカド揚（分とく山）　172
湯葉の春巻き（まめたん）　173
俵揚（分とく山）　174
揚湯葉のミルフィーユ（おぐら家）　175
ユリネ　帆立と百合根のかき揚げ（ゆき椿）　83
百合根とモッツァレラチーズ 桜揚げ（おぐら家）　120

[ラ]
ラッキョウ　玉蜀黍饅頭照り焼きと黒むつの塩焼き（西麻布 大竹）　113
塩らっきょうの香味揚げ（根津たけもと）　152／154
ラムニク　ラムカツ（ゆき椿）　141／143

[リ]
リンゴ　甘鯛のうろこ焼き揚げ（楮山）　30

[レ]
レンコン　牡蠣と青さ海苔 蓮根揚げ（おぐら家）　45／47
蓮根まんじゅう 葱あん（久丹）　121／122
蓮根揚げだし（蓮）　121／122
揚げ野菜のサラダ（ゆき椿）　123
スッポンのかき揚げ（蓮）　136／138

[ワ]
ワカメ　揚げ筍若芽あん（久丹）　108／110
ワケギ　子持ち昆布葱衣揚（分とく山）　151

日本料理 揚げもの新味150
広がる発想 新しい技法

初版発行 2019年10月15日
3版発行 2022年12月15日

編者© 柴田書店

発行者 丸山兼一
発行所 株式会社柴田書店
〒113-8477
東京都文京区湯島3-26-9 イヤサカビル
営業部 03-5816-8282（注文・問合せ）
書籍編集部 03-5816-8260
https://www.shibatashoten.co.jp

印刷・製本 図書印刷株式会社

ISBN 978-4-388-06317-8